CAVALIER

Manuel de préparation aux examens fédéraux

G1 à G4

Selon les programmes officiels

Dès mes 8 ans où j'ai commencé l'équitation sur poneys, j'ai compris que ma patience, mon assiduité et ma volonté de comprendre me permettaient d'apprendre et d'acquérir rapidement les compétences techniques nécessaires à la pratique équestre.

À cheval, après avoir pratiqué en centre équestre, je me suis dirigé vers le monde des courses dans lequel, en tant que jockey d'obstacle, j'ai entamé une carrière qui s'annonçait prometteuse.

Après l'accident qui m'a privé d'une jambe, j'ai rencontré de grands « hommes de cheval » qui, par leur accompagnement et leurs conseils à pied et en selle, m'ont permis de retrouver le plaisir et la complicité avec les chevaux : c'est une victoire du travail d'équipe et du respect de la différence.

Le cheval comprend les bons gestes, il se donne : le handicap n'est qu'un obstacle à franchir... Une jambe en moins ne change rien : un matériel adapté, et le tour est joué !

C'est ainsi qu'aujourd'hui, lors des compétitions nationales et internationales, j'admire et respecte les cavaliers présentant des handicaps plus ou moins sévères, qui obtiennent de leurs montures ce que nombre de cavaliers valides aimeraient réaliser.

Le cheval, animal intelligent, a besoin, pour donner sa confiance, d'attention, de respect et de temps. L'observer, écouter son corps et être attentif à ses prédispositions mentales et physiques sont les clés de la réussite :

Complicité + Attention + Persévérance = Performance

@ collection Privée

Vivez à fond votre passion !

Vladimir Vinchon
Équipe de France Paraéquestre
Cavalier paralympique dressage Londres 2012
Cheval : Flipper d'Or (École Nationale d'Équitation)

Pourquoi faire une préface ?

Cette question, je me la suis posée quand mon éditeur m'a proposé de préfacer ce manuel.

J'ai très vite accepté. Les manuels Lavauzelle sont à la base de mon parcours équestre.
Ils m'ont accompagné, tout au long de mon apprentissage. Ils m'ont permis d'acquérir les bons réflexes.

Ces bases et leur travail régulier m'ont ouvert la voie vers la quête de l'équilibre.

La nouvelle édition de ce manuel met en valeur l'axe Homme Cheval qui est aujourd'hui la base de ma réussite équestre.

Vivre avec mon cheval :

- *L'écouter, se mettre à sa place*
- *Bouger et jouer avec lui*
- *Créer une complicité*

Vous retrouverez dans ce manuel, les préceptes permettant de réussir vos examens fédéraux et de vous accomplir en tant que futur cavalier.

Je vous engage à vivre au maximum votre passion et aller au bout de vos rêves.

Collection Rois et Rênes
Le Cavalier d'acier
Kévin Staut

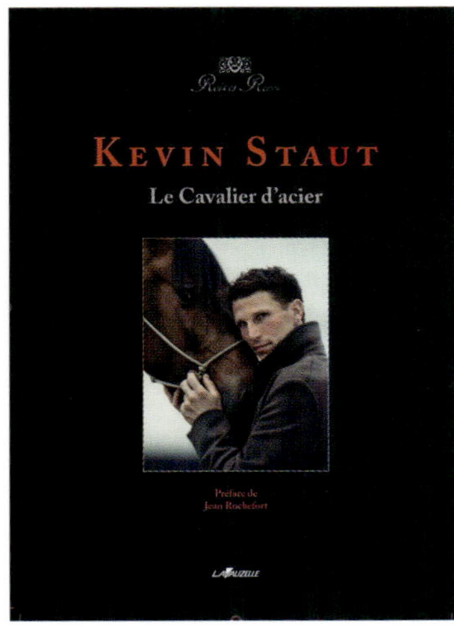

Kévin STAUT

Illustrations et maquette : Laurence Jacquey
Textes : Bertrand Poisson et Laurence Jacquey
Montage et photogravure : Lavauzelle Graphic
Crédit photos : Giampaolo Vimercati, Laurence Jacquey

Les manuels CAVALIER contribuent à votre épanouissement personnel à travers la découverte et l'apprentissage du monde du Cheval. L'entrée et la vie dans le monde équestre participent à la construction de vos équilibres.

Cette deuxième édition est issue des remarques faites par les clubs et leurs enseignants. Elles ont été synthétisées par notre équipe de rédacteurs, tous pleinement impliqués dans la vie sportive et ses bonnes pratiques.

Le manuel permet à chacun, en respectant sa personnalité, de franchir les étapes qui jalonnent la formation. Ils sont répartis en 4 Galops rassemblés au sein de l'ouvrage sous les sigles G1 à G4.

Christian BASTIN-LAVAUZELLE

Président

Compétences requises par niveau

G1 Ayant découvert le monde de l'équitation, puis appris à aborder et panser de façon élémentaire un cheval ou un poney pour le conduire en main jusqu'à l'aire de travail, le cavalier est capable de se mettre en selle (aidé ou non) pour se déplacer, au pas et au trot, ainsi que sur quelques foulées de galop, en toute sécurité.

G2 Après avoir fait un pansage plus précis de son cheval ou poney, le cavalier est capable, à pied, de lui faire bouger la tête, les épaules et les hanches.
En selle, le cavalier évolue aux trois allures et saute un petit obstacle isolé.

G3 Ayant effectué un pansage complet, et sachant entretenir le harnachement et la litière, le cavalier, à pied, sait faire reculer le cheval ou le poney et mobiliser ses épaules et ses hanches sur quelques pas.
En selle, le cavalier contrôle la direction aux trois allures sur le plat et enchaîne de petits obstacles plus ou moins rapprochés.

G4 Sachant équiper le cheval ou le poney tant pour le travail que pour le transport, le cavalier réalise un parcours d'embûches simples à pied.
En selle, il varie ses postures de façon à contrôler les trois allures et la direction à volonté sur le plat, aussi bien qu'en enchaînant un parcours d'obstacles.
Le cavalier sait analyser ses prestations pour en décrire les origines des erreurs éventuelles, comme des réussites.
Ce niveau valide l'autonomie élémentaire du cavalier.

Sommaire

G1

G2

G 3

G 4

CHARTE DES CAVALIERS

LE RESPECT

C'EST :

APPRENDRE POUR MIEUX CONNAÎTRE,

REGARDER POUR MIEUX COMPRENDRE,

OBSERVER POUR MIEUX SOIGNER,

DEMANDER POUR NE PAS SE TROMPER,

RECONNAÎTRE SES ERREURS,

NE JAMAIS BRUTALISER,

AIMER ET DONNER,

ET PARTAGER SON PLAISIR SANS MODÉRATION !

La fédération, la licence

L'Équitation de tradition française est inscrite à l'UNESCO.

La Fédération Française d'Équitation

C'est la seule association loi 1901 (donc à but non lucratif) qui est agréée par le ministère de la Jeunesse et des Sports :

- promouvoir,
- développer,
- encadrer,

la pratique équestre en France afin de permettre :

- aux pratiquants de loisir ou sportifs,
- à la formation et la qualification des formateurs (bénévoles ou rémunérés),
- et à l'entretien et au bien-être de la cavalerie,

une protection contre toute malveillance.

Ainsi, la FFE a pour mission délégataire de mettre en place toutes les mesures visant à garantir, tant aux cavaliers qu'à leurs montures, des structures qu'elle labellise en pleine connaissance de cause, pour assurer l'intégrité du respect de la loi et de tous (équidés et humains).

La FFE ne peut donc prendre aucun profit qu'elle ne doive réinvestir.

C'est pourquoi, chaque licence compte, pour le bien de tous !

Le Parc Équestre Fédéral est le siège social de la FFE. Il accueille et organise la plupart des grandes compétitions, que ce soit en niveau de performance qu'en nombre de participants.

La France est le seul pays à avoir créé un réseau de poney-clubs/centres équestres qu'elle labellise, en offrant ainsi, à proximité, des aires de pratique de l'équitation.

Les établissements équestres labellisés « ÉFÉ » (Écoles Française d'Équitation) respectent la charte de la FFE.

LA LICENCE FFE

La fédération émet et délivre des licences aux cavalier(e)s adhérent(e)s à un établissement affilié.

La licence permet le passage des examens fédéraux (galops, degrés) et la participation aux compétitions fédérales. Elle retrace votre niveau et comprend une assurance individuelle adaptée au cavalier.

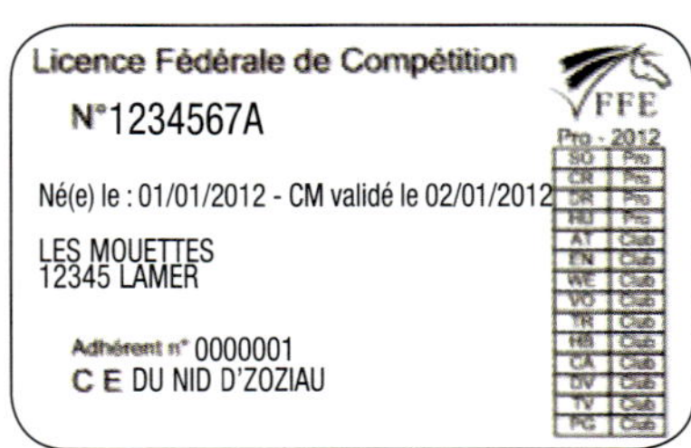
Licence Fédérale de Compétition

FFE

N°1234567A

Né(e) le : 01/01/2012 - CM validé le 02/01/2012

LES MOUETTES
12345 LAMER

Adhérent n° 0000001
C E DU NID D'ZOZIAU

Pro - 2012

SO	Pro
CR	Pro
DR	Pro
HU	Pro
AT	Club
EN	Club
WE	Club
VO	Club
TR	Club
HB	Club
CA	Club
DV	Club
TV	Club
PG	Club

La licence se renouvelle chaque année, dès le premier septembre.

Connectez-vous sur le site www.ffe.com

Le centre équestre - Poney-club

Chaque établissement équestre est structuré selon son objectif et sa région.

Les Poney-Clubs ou Centres Équestres sont des établissements dédiés à la pratique de l'équitation en toute sécurité.

Les diplômes des enseignants sont obligatoirement affichés à l'accueil. Il y a souvent des stagiaires, en cours de formation, qui contribuent à l'encadrement ou à l'entretien des locaux, des écuries, des équidés.

Les bénévoles sont, eux aussi, très impliqués et permettent activité et ambiance au top !

Les installations

1 L'accueil - le club-house

Un responsable est disponible au bureau ou au club-house pour répondre aux différentes questions concernant les horaires, les tarifs, l'équipement, l'assurance, la licence et les activités pratiquées.

Le club-house est un lieu réservé aux échanges conviviaux.

La sellerie 2

C'est le lieu où vous entreposez et entretenez le matériel.

G 1

(3)(4)(5) L'hébergement - Le logement

L'hébergement désigne les locaux où les chevaux et les poneys vivent. En fonction de leur taille et/ou de leur caractère, ils sont hébergés dans quatre modes de logement : le box, la stalle, la stabulation, la pâture.

LE BOX : lieu d'hébergement individuel.

LA STABULATION LIBRE

plusieurs équidés, souvent de petite taille, sont hébergés en liberté.

LA STALLE : peu fréquente.

LA PÂTURE

Espace en herbe plus ou moins grand, clôturé d'une barrière ou d'un ruban électrifié, qui dispose d'un abri construit ou naturel, d'une mangeoire et d'un abreuvoir. Les équidés y sont en liberté.

LE PADDOCK

Petit enclos qui permet aux chevaux ou aux poneys de marcher, voire trotter.

(6) **Le rond de longe** Cette surface plane, homogène et circulaire est utilisée pour le travail à la longe ou pour l'enseignement aux cavaliers débutants.

(7) **Le manège** C'est le lieu couvert et fermé où se dispense l'enseignement aux cavaliers. Sa dimension est variable. Le sol est plat, souple et homogène. Les pourtours du manège et de la carrière présentent des lettres qui permettent aux cavaliers de se repérer.

(8) **La carrière**

Non couverte et souvent plus grande qu'un manège, clôturée d'une lice, la carrière permet une pratique en plein air de l'équitation.

Les protections du cavalier

Afin de pratiquer l'équitation en toute sécurité, comme toute pratique sportive, vous devez disposer d'un matériel adapté et à votre taille.

Le casque

Il protège le crâne et la nuque, et doit être ajusté à votre tête, sangles serrées sans excès. Son port est obligatoire pour toute activité équestre.

Le protège-dos

Il est conçu pour protéger le buste du cavalier. Obligatoire dans certaines pratiques équestres.

La culotte d'équitation

Elle est spécialement adaptée pour votre confort à cheval. Fabriquée à partir de tissu extensible, ses coutures sont positionnées de façon à ne pas blesser celui qui la porte : pas de risque de brûlure par frottement. Elle est obligatoire en compétition, et fortement conseillée lors des examens fédéraux.

Les **chaps longues** protègent le pantalon.

Les bottes - les boots

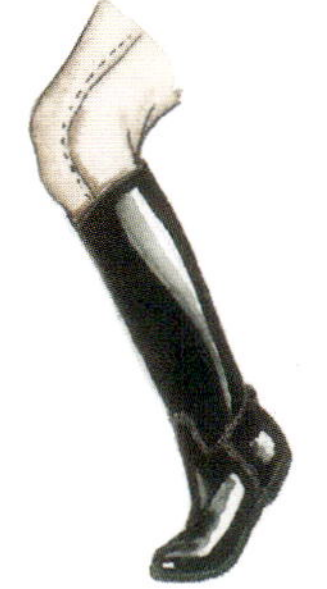

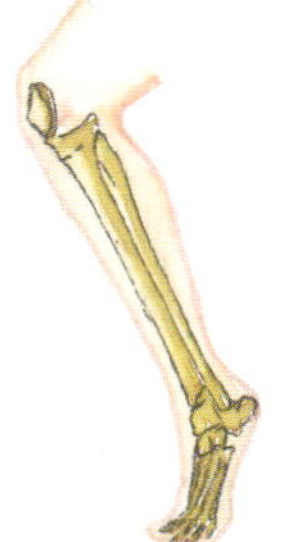

En caoutchouc ou en cuir, cette protection est indispensable lorsque vous montez avec étriers pour des raisons de confort et de sécurité : elle empêche le pied de passer à travers l'étrier.

Les **bottines, boots et minichaps** sont une alternative aux bottes. Elles sont faciles et rapides à mettre.

Les gants

En peau ou en tissus, avec ou sans picots, les gants protègent du froid et contribuent au maintien des rênes, de la longe ou des guides.

La tenue d'entraînement

Toute tenue adaptée à la pratique de l'équitation en toute sécurité : chaps sur jean, mini-chaps, boots... mais jamais sans les protections obligatoires.

Poney ou... cheval ?

On parle souvent de « cheval » dans un sens très large.

Il existe, en France, deux grandes familles d'équidés répertoriées selon leurs tailles :

- la famille du cheval, dont la taille au garrot est supérieure à 1,48 m (Cheval de selle, de course, de trait) ;

- la famille du poney, dont la taille au garrot est inférieure à 1,48 m.

Attention, il se peut que l'appellation « poney » soit attribuée à un équidé mesurant plus d'1,48 m au garrot : le poney de polo, petit cheval recherché pour sa vivacité, en est un exemple. De même, l'appellation « cheval » peut être donnée à un équidé de moins d'1,48 m au garrot : le cheval de Mérens.

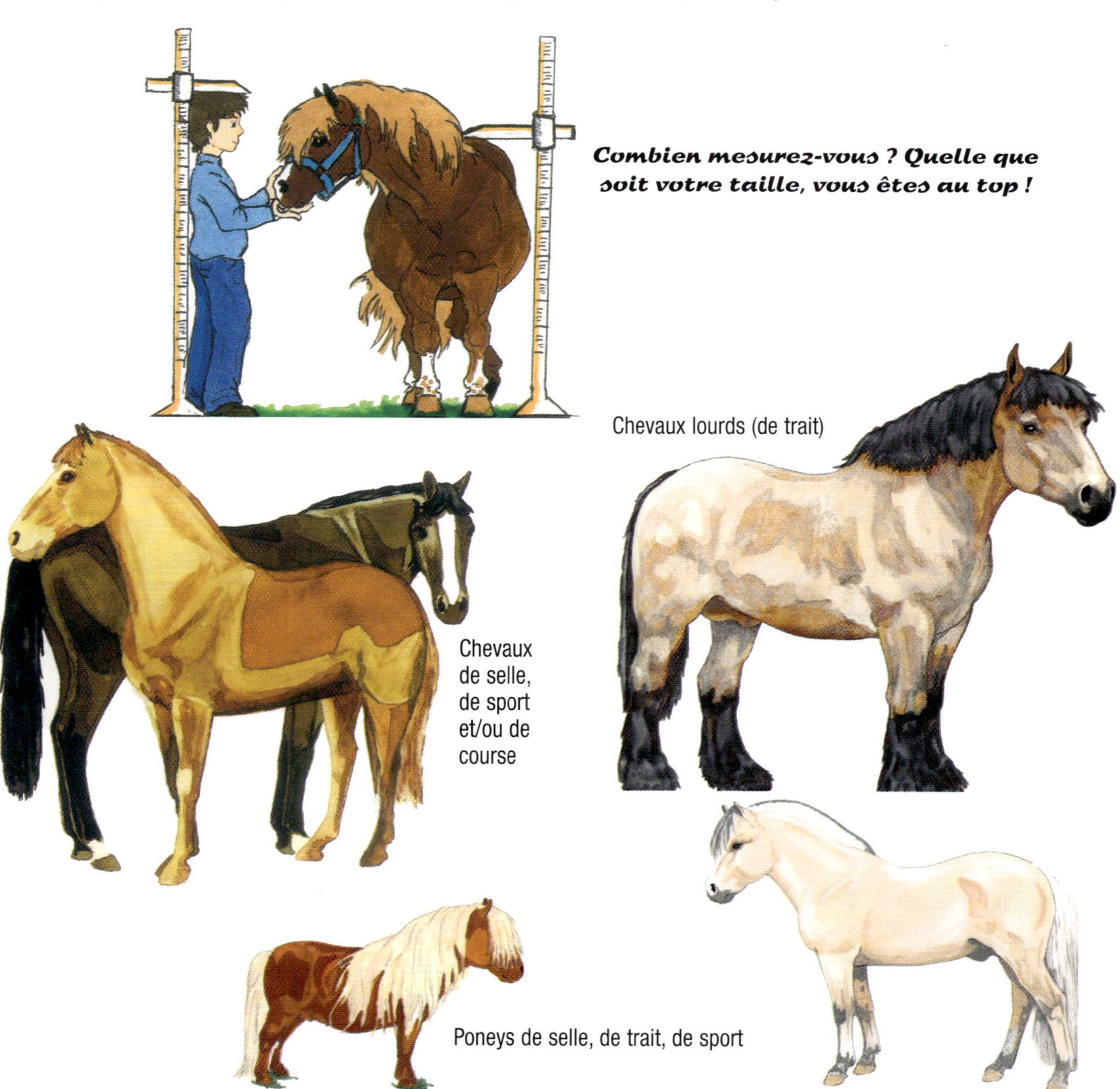

Combien mesurez-vous ? Quelle que soit votre taille, vous êtes au top !

Chevaux lourds (de trait)

Chevaux de selle, de sport et/ou de course

Poneys de selle, de trait, de sport

Règles de sécurité

Le cheval ou le poney n'est pas agressif. Toutefois il peut avoir des réactions imprévisibles face à des situations qu'il ne connaît pas.

Vous devez donc respecter des règles simples dès votre entrée dans un centre équestre ou lorsque vous vous approchez d'équidés inconnus.

Au Centre Équestre ou au Poney-Club

Refermez le portail d'entrée.

Saluez les personnes rencontrées.

Gardez votre chien en laisse, même s'il est gentil.

Ne fumez pas.

Ne jetez pas de papier par terre.

Ne criez pas, ne courez pas ni ne faites de gestes brusques, le chahut perturbe.

Ne passez pas derrière les chevaux ou les poneys sans avoir prévenu.

Evitez de laisser les chevaux ou les poneys se sentir entre eux ou s'approcher trop près les uns des autres.

Pour l'attraper, ne courez jamais derrière le cheval ou le poney : parlez-lui et avancez doucement, il viendra vers vous en toute confiance.

TENUE POUR S'OCCUPER DES CHEVAUX OU PONEYS

À pied, vous devez être dans une tenue propre, et ne vous approcher des chevaux ou des poneys qu'en portant des chaussures fermées qui protègent l'ensemble du pied.

À cheval, vous devez porter les protections obligatoires pour la pratique équestre.

Entrer dans un manège ou une carrière

Assurez-vous que personne ne se trouve sur la piste avant de pénétrer dans l'aire de travail. S'il y a des couples, demandez l'autorisation de rentrer, prenez soin d'ouvrir la porte en grand et de la refermer dès que vous êtes dans l'enceinte.

Placez-vous sur la ligne du milieu à environ 4 mètres des couples voisins.

Si votre cheval est sellé, vérifiez le sanglage, descendez les deux étriers et réglez la longueur des étrivières.

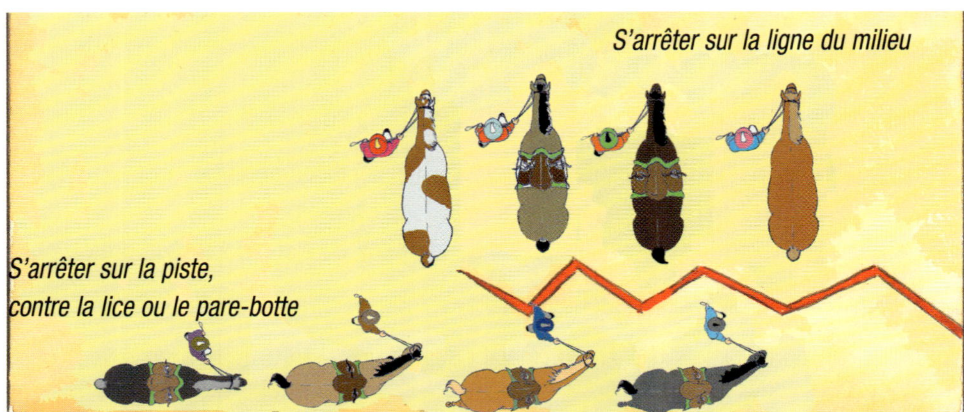

En reprise

Voici quelques modes d'évolution fréquemment adoptés lorsque vous êtes en reprise, c'est-à-dire en un groupe constitué de plusieurs couples.

Dans une aire de travail fermée, la priorité est laissée au couple qui évolue piste à main gauche.

<u>En extérieur</u>

Portez une tenue adaptée.

Soyez attentif à ce qui vous entoure et anticipez pour éviter toute situation désagréable.

Respectez les règles de circulation à l'extérieur.

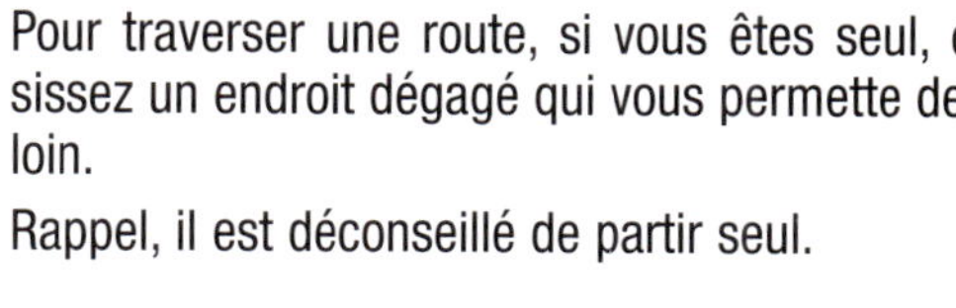

Pour traverser une route, si vous êtes seul, choisissez un endroit dégagé qui vous permette de voir loin.

Rappel, il est déconseillé de partir seul.

Si vous êtes en groupe, traversez en « dents de peigne », c'est-à-dire tout le monde en même temps, en traçant un doubler le plus court et le plus bref possible.

Ne mettez pas pied à terre sans autorisation.

Quel que soit le cas, n'oubliez pas d'informer votre entourage et l'établissement équestre de vos horaires et lieux de sortie.

<u>En promenade en main ou accompagné</u>

Nul n'est censé ignorer la loi.

Cheval, qui es-tu ?

Cheval, d'où viens-tu ?

Afin de vous aider à mieux comprendre le comportement général et les réactions du cheval ou du poney, les pages qui suivent retracent ses origines et son mode de fonctionnement.

Le cheval ou le poney est apparu sur terre environ soixante-cinq millions d'années avant l'homme.

Mais cela ne fait que 5 000 ans que l'homme a entrevu son fabuleux potentiel et commencé à le domestiquer. L'homme et le cheval sont depuis, dans leurs histoires, étroitement liés.

Coureur extrêmement rapide, animal doté d'un caractère très doux et d'une noblesse à toute épreuve, le cheval est devenu le partenaire idéal de l'homme au travail, à la chasse, pour son transport, à la guerre, et, de nos jours, pour le sport ou le loisir.

*Herbivore**, le cheval est une proie. N'étant doté ni d'un caractère agressif ni de moyens d'agresser, le cheval a été équipé par la nature du meilleur moyen de défense : la fuite. C'est ainsi que le cheval, avec ses longues jambes peut courir très vite. Sa vigilance toujours en éveil lui permet de détecter les éventuels dangers, c'est pourquoi il ne faut jamais le surprendre.

Ayant un fort instinct *grégaire***, le cheval ou le poney n'aime pas être seul : il peut, dans ce cas, développer des comportements psychologiques dangereux pour sa santé, jusqu'à en mourir...

C'est pourquoi, en promenade par exemple, votre monture, si elle se sent trop éloignée des autres, prend le galop pour vite rejoindre le groupe !

** HERBIVORE : se dit d'un animal se nourrissant d'herbes, de substances végétales.*

*** GRÉGAIRE : se dit d'un animal vivant en groupe, en troupeau parce qu'ayant peu de chance de survie s'il est isolé.*

Nos points communs

Equidés et humains appartiennent à la famille des vertébrés (animaux pourvus d'une colonne vertébrale, et, en général, de deux paires de membres), et, plus précisément, de la classe des mammifères. Cette classe est la plus récente quant à son apparition sur la terre et compte actuellement quelque 5 000 espèces répertoriées.

Il existe cinq classes ordonnées selon l'ordre croissant des capacités du cerveau :

- les poissons ;

- les reptiles ;

- les amphibiens ;

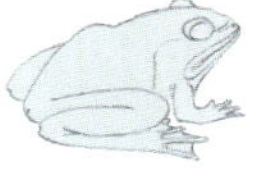

- les oiseaux ;

- **les mammifères.**

LES MAMMIFÈRES sont caractérisés par la présence de mamelles, peau avec poils, cœur avec quatre cavités, cerveau plus ou moins bien développé selon l'espèce. Ils présentent une température constante et sont vivipares*.

Morphologiquement**, chevaux et humains présentent une tête, un cou (appelé encolure, chez le cheval), un corps et quatre membres.

** VIVIPARE : les petits naissent sans enveloppe (coquille dure ou molle).*
*** MORPHOLOGIE : étude de la forme extérieure d'un être vivant.*

Nos différences

HOMME		CHEVAL
	MORPHOLOGIE	
2 membres supérieurs		*2 membres antérieurs*
2 membres inférieurs		*2 membres postérieurs*
2 mains de 5 doigts/main		*4 pieds à 1 doigt/pied*
2 pieds de 5 orteils/pied		
2 clavicules		
		1 queue
	PROPULSION	
Station bipédique		*Station quadrupédique*
	COLONNE VERTEBRALE	
Verticale		*Horizontale*
	ALIMENTATION	
Omnivore		*Herbivore*
	GESTATION	
9 mois		*11 mois*
	TEMPÉRATURE DU CORPS	
37 degrés		*38 degrés*

QUADRUPÉDIE
Station horizontale en appui sur quatre pieds

BIPÉDIE
Station verticale en appui sur deux pieds

G 1

Les parties extérieures

La masse du cheval ou du poney est composée de trois parties principales :

- l'avant-main ;
- le corps ;
- l'arrière-main.

Lorsque vous êtes en selle, vous pouvez considérer que l'avant-main de votre monture est devant vous, son corps sous vous, et son arrière-main derrière vous.

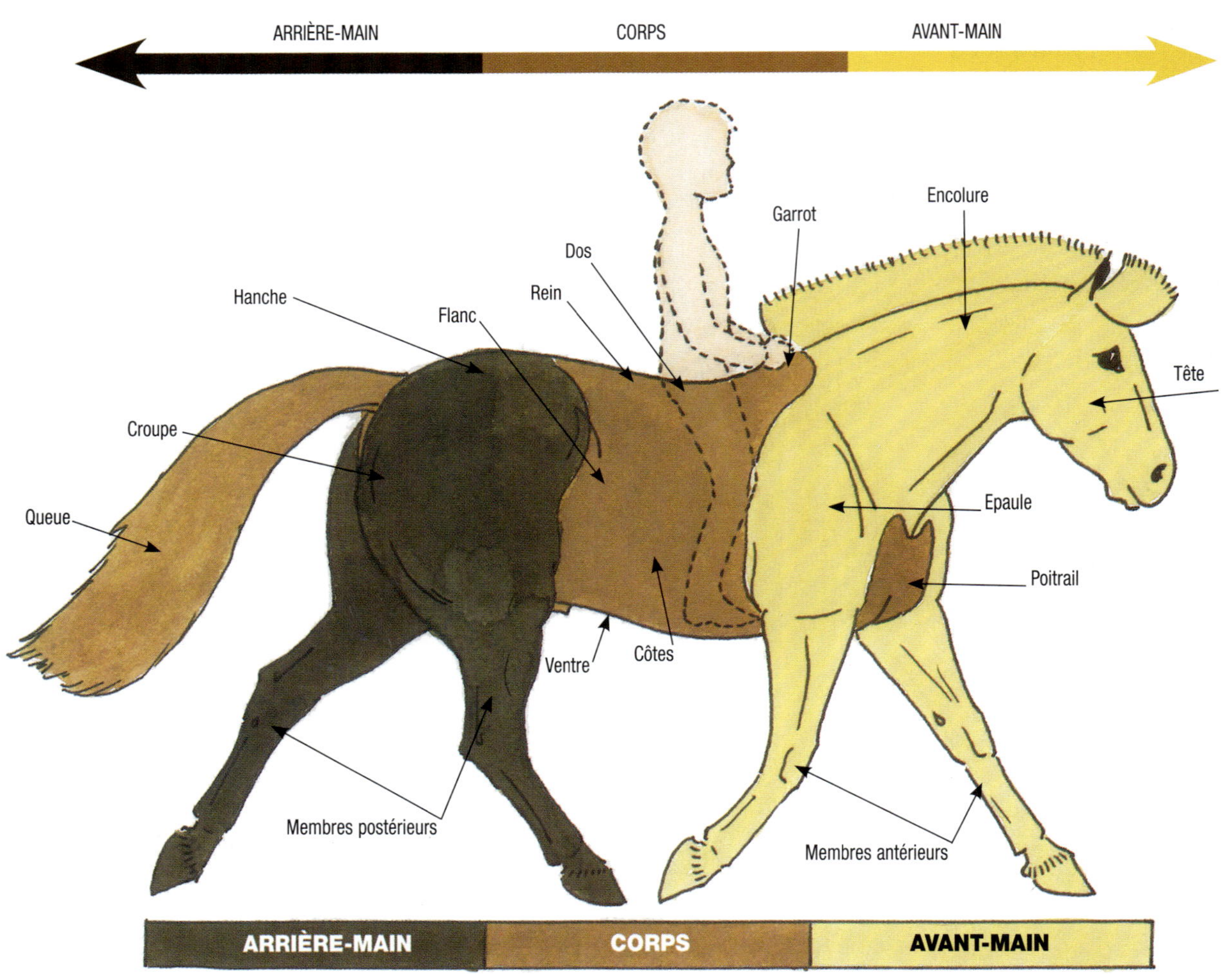

Les robes

On appelle ROBE l'ensemble des couleurs du poil et des crins du cheval ou du poney.

Depuis l'année 2000, la nomenclature des robes a été modifiée par les Haras Nationaux.

Une robe est identifiée par sa ROBE DE BASE, obligatoire et unique, et éventuellement par la présence de PANACHURES (compléments en poils blancs ou tachetés) et/ou ADJONCTIONS (mélange et/ou épis).

Ainsi, vous raisonnez en terme de FAMILLE DE ROBE, à savoir les familles des ALEZANS, NOIRS, BAIS et AUTRES.

Les robes de base

LA FAMILLE DES ALEZANS

Les poils, les crins et les extrémités sont fauves, plus ou moins foncés (voire très clairs), les yeux sont foncés. Aucune extrémité ne peut être noire.

Alezan (peau assez claire)

Noir

Bai

LA FAMILLE DES NOIRS

Les poils, crins, peau et extrémités sont noirs, yeux foncés.

LA FAMILLE DES BAIS

Les poils sont gris ou fauves plus ou moins foncés, mais les crins, la peau, le bout du nez (sauf si marque blanche) et des oreilles ainsi que le bas des membres sont noirs. Les yeux sont foncés.

LA FAMILLE DES AUTRES

Cette famille regroupe toutes les robes autres que noir, bai ou alezan.

S'occuper de sa monture avant le travail

Avant de le monter, vous devez apprendre à vous occuper du cheval ou du poney.

Votre pratique équestre ne se résume pas au simple fait de vous asseoir dessus.

Prévoyez donc de venir avant l'horaire prévu de votre cours afin de disposer de ce temps pour prendre contact avec lui : cela vous permet de développer des échanges qui décontractent, autant vous que lui !

Quel que soit son mode de logement, préférez le sortir et demandez, si nécessaire, à une personne mieux qualifiée que vous, de le sortir et de l'attacher.

C'est un moment privilégié que vous partagez ensemble.

Vous allez ainsi apprendre à le toucher et le caresser. Ne vous inquiétez pas si vous vous surprenez à entamer une conversation avec lui !

Caresser

Caresser son cheval ou son poney est préférable aux grandes tapes fréquentes exercées sur l'encolure.

Tout comme la voix, il est sensible à la caresse qui détermine une confiance et la récompense d'un travail bien fait.

La caresse doit être bien franche, avec le plat de la main et s'associe souvent avec des mots flatteurs.

Vous apprenez à reconnaître les zones appréciées, et celles qui lui sont plutôt désagréables.

Aborder

Le cheval ou le poney est une proie, il est d'un naturel méfiant. Toute surprise déclenche chez lui son instinct de fuite. C'est pour cela que vous devez veiller à ne pas l'aborder sans l'avoir prévenu au préalable, en gestes et paroles.

Prévenez-le avant de le toucher, s'il ne vous voit pas venir à lui. Appelez-le par son nom pour attirer son attention, et abordez-le franchement en évitant tout geste brusque en tendant la main, paume vers le ciel.

Vous l'abordez le plus souvent à sa gauche, puisqu'il est plus familiarisé à l'être de ce côté.

Une friandise peut être utilisée, car le cheval est gourmand et associe récompense et obéissance.

Par son attitude, le cheval vous renseigne sur son humeur vis-à-vis de vous. Si vous hésitez, demandez à votre enseignant de vous aider.

Le langage des oreilles

Les oreilles du cheval ou du poney sont très mobiles et traduisent son état d'esprit quant à chaque situation.

Oreilles pointées franchement en avant et nuque soutenue, il est attentif, vous êtes franc.

Oreilles couchées en arrière, et naseaux pincés, il est méfiant, vous devez être prudent.

Oreilles légèrement en arrière, regard neutre : il est certainement assoupi et ne vous prête aucune attention : prévenez-le doucement pour qu'il vous repère.

Le langage de la croupe et de la queue

En adoptant certaines attitudes avec sa croupe et en portant sa queue de diverses manières, il précise son humeur.

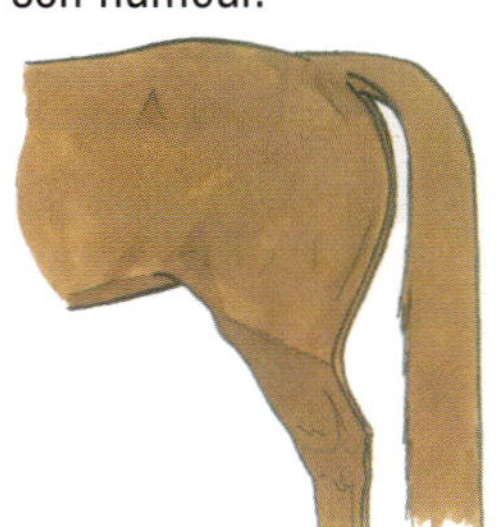

Croupe dans l'axe du corps et queue portée naturellement, le cheval ou le poney est serein, vous l'abordez en sécurité.

La croupe est contractée, le rein est voussé et la queue est plaquée contre les fesses, il est craintif, inquiet : soyez prudent, lent et doux.

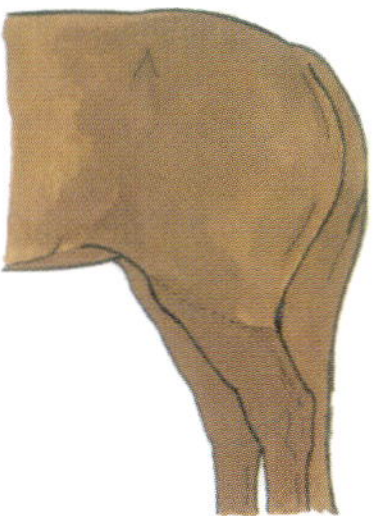

En box, en stabulation libre, au paddock ou au pré

Prévenez-le en parlant ou par des appels de langue avant d'ouvrir la porte. Attendez qu'il oriente son corps et qu'il vienne vers vous puis entrez et caressez sa tête en vous rapprochant. Tendez une main vers lui.

En stalle

Prévenez-le en parlant ou par des appels de langue puisqu'il vous tourne le dos, puis posez la main sur sa croupe et poussez-la vers la droite afin d'avancer et de remonter jusqu'à sa tête en le caressant le long du corps.

Aborder à l'attache

Lorsque vous désirez aborder un cheval ou un poney attaché, signalez-vous auprès de lui et placez-vous de façon à ce qu'il vous voit.

Changer de côté en sécurité

Lorsque vous désirez changer de côté en sécurité, passez, de préférence sous son encolure.

Avant de passer derrière sa croupe, demandez à votre enseignant si le cheval ou le poney y est habitué. Si oui, caressez-le tout du long de votre changement de côté (de la tête au corps, à la croupe et de l'autre côté).

Dans tous les cas, procédez de façon calme, sans brusquerie.

Il ne faut jamais passer sous son ventre.

La bouche du cheval ou du poney, contrairement à celle de l'être humain, ne peut pas dessiner un sourire, lorsqu'il est content ou serein.

Pour autant, lorsqu'il est stressé, inquiet ou qu'il se sent en danger, il peut pincer ses lèvres (et/ou ses naseaux). Un dos rond confirme sa méfiance.

Le repos, l'endormissement ou l'alimentation sont des périodes pendant lesquelles vous devez être particulièrement attentif : prévenez-le par la voix, sans brusquerie, avant tout intrusion dans son espace propre.

Oreilles, yeux, naseaux, queue et attitude générale vous donnent les clés vous ouvrant la possibilité de l'aborder franchement ou pas. Observez l'attitude du cheval ou du poney, pour mieux le comprendre et adapter votre comportement.

Éloigner son cheval ou poney de soi

Dans son hébergement, à l'attache ou en liberté le cheval ou le poney peut agir envers vous comme il le ferait avec l'un de ses congénères.

C'est très agréable, mais il peut vous bousculer par inadvertance.

Vous devez donc l'éloigner de vous en appuyant votre main sur son épaule pour qu'il se déplace d'un pas, sans brutalité.

Lorsque vous le menez en main, Il peut également arriver que vous ayez besoin d'éloigner le cheval ou le poney de vous. C'est particulièrement évident s'il vous marche sur le pied à l'arrêt ou en marche.

Tendez la longe (ou les rênes) pour écarter sa tête du côté opposé à votre position.

Si cela ne suffit pas, poussez-le de la main à hauteur de l'épaule ou du passage de sangle.

Par principe, gardez toujours un périmètre de sécurité entre le cheval ou poney et vous.

Confortez votre demande de mots prononcés fermement, mais sur une tonalité.

S'il pose son pied sur le vôtre, ne tirez pas vers l'arrière dans l'espoir de dégager votre pied : le cheval ou le poney pèse au moins dix fois plus lourd que vous, vous n'obtiendrez aucun résultat, d'autant qu'il ne comprend pas qu'il vous fait mal.

Restez calme (même si la situation est plus qu'inconfortable) et repoussez-le fermement mais gentiment, ce que ne fait pas la jeune femme ci-dessous.

Mettre le licol

Equipé d'une longe reliée par un mousqueton, c'est le harnachement le plus simple destiné à l'attache et au déplacement en main du cheval ou du poney.

Mettre le licol

Placez-vous à la gauche de la tête, votre épaule droite contre celle du cheval ou du poney.

Vérifiez que la boucle est défaite pour introduire facilement le bout du nez.

Faites passer la grande lanière derrière les oreilles et ramenez-la pour boucler.

RAPPEL : N'enroulez jamais la longe autour de votre poignet.

Veillez à prendre un licol adapté à la tête du cheval ou du poney.

Si vous devez l'ajuster, sachez que celui-ci ne doit ni être trop serré, ni être trop lâche.

Trop serré, il comprime et fait mal,

Trop lâche, le cheval ou le poney peut l'enlever et vous échapper.

Le nœud d'attache

Pour sortir le cheval ou le poney, quel que soit l'hébergement, veillez à ouvrir la porte en grand, ne tirez pas sur la longe et encouragez-le d'appels de langue. S'il est hébergé avec d'autres compagnons, n'oubliez pas de refermer correctement la porte.

Dirigez-vous vers l'un des anneaux d'attache qui sont régulièrement scellés à l'extérieur.

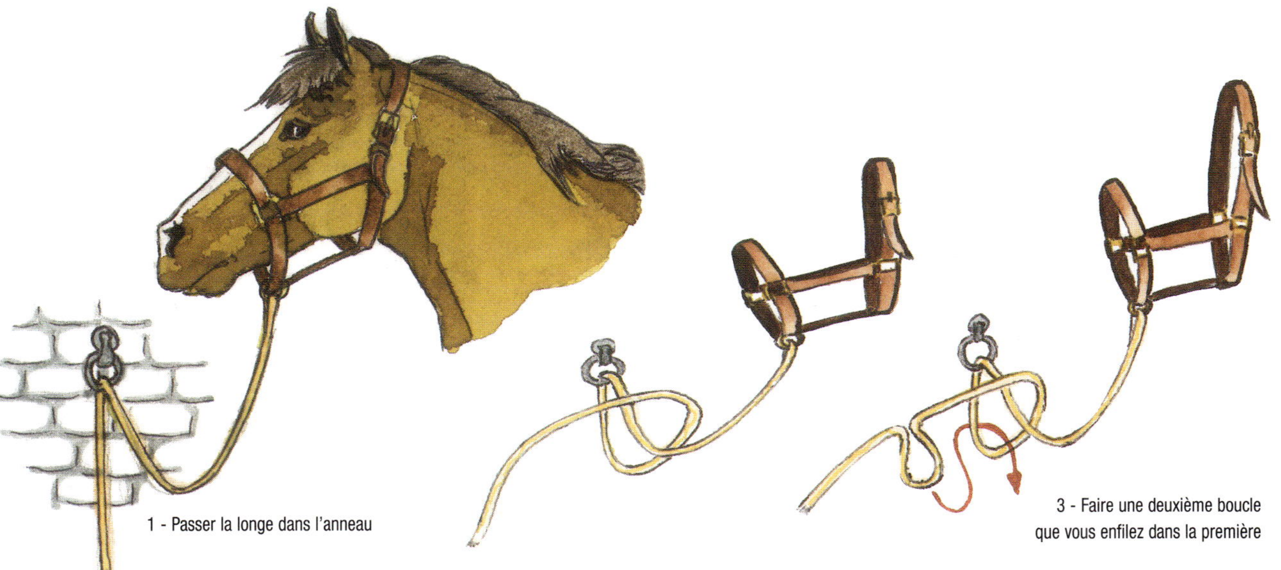

1 - Passer la longe dans l'anneau

2 - Faire une première boucle

3 - Faire une deuxième boucle que vous enfilez dans la première

4 - Deuxième boucle enfilée

La longueur d'attache est d'environ 80 cm.

Si la longe est trop longue, le cheval ou le poney peut :

- passer sa tête en dessous, prendre peur en la relevant car il se sent dans une posture anormale, et tente de se libérer en se débattant ;

- passer un membre par-dessus, et réagir violemment pour les mêmes raisons, c'est ce que l'on appelle « une prise de longe ».

Si la longe est trop courte, il se sent prisonnier et s'efforce de se libérer.

5 - Tirer vers la tête pour serrer le nœud

6 - Tirer vers le sol pour défaire le nœud

Ces réactions vives se traduisent généralement par un brusque et violent rejet de tout le corps du cheval ou du poney en arrière, ce que l'on appelle « tirer au renard ».

Le nœud de sécurité qui vous est présenté permet de libérer immédiatement le cheval ou le poney apeuré en tirant d'un coup sec sur le brin de longe libre qui pend vers le sol.

Panser

Le pansage est à la fois un nettoyage et un massage indispensables à l'entretien physique et moral du cheval ou du poney. C'est aussi LE temps privilégié pendant lequel vous renforcez votre complicité.

FAIRE UN PANSAGE ÉLÉMENTAIRE

Il est préférable, excepté le curage des pieds, de prodiguer le pansage à l'extérieur de l'hébergement.

Le matériel de pansage élémentaire

L'ÉTRILLE

En fer ou en caoutchouc, elle ne s'utilise que sur les parties charnues dont elle décolle en profondeur les saletés.

Etrille en caoutchouc

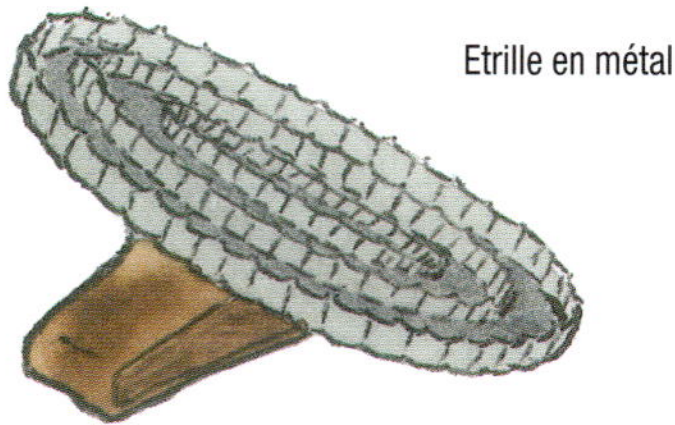

Etrille en métal

LE BOUCHON

Brosse dure en chiendent ou fibres synthétiques, il s'utilise sur l'ensemble du corps exceptés les yeux, les naseaux, les lèvres, les organes génitaux et l'anus. Il enlève la majeure partie des saletés décollées par l'étrille.

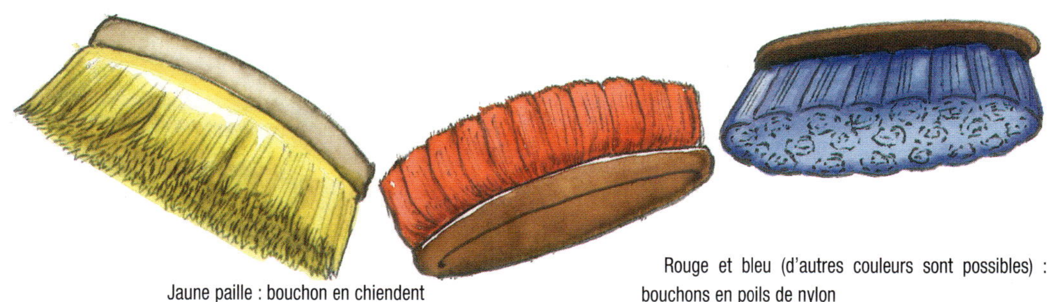

Jaune paille : bouchon en chiendent

Rouge et bleu (d'autres couleurs sont possibles) : bouchons en poils de nylon

Étriller

Vous n'employez l'étrille que sur les parties charnues à rebrousse-poil et en exécutant de larges mouvements circulaires sans appuyer exagérément, mais vigoureusement.

Elles sont signalées en gris clair sur cette illustration.

Frappez régulièrement votre étrille au sol pour la débarrasser des saletés qu'elle a décollées.

Les traces laissées au sol s'appellent des « *témoins* ». Ils témoignent en effet de l'efficacité de votre travail. Une quinzaine de témoins est bienvenue.

Brosser ou passer le bouchon

Vous passez le bouchon dans le sens inverse du poil pour récolter la saleté décollée, vous le nettoyez contre l'étrille que vous prenez dans l'autre main. Vous nettoyez cette dernière en la frappant à nouveau au sol.

Puis vous passez le bouchon dans le sens du poil, sur toutes les parties extérieures du cheval ou du poney.

Vous démêlez, à la main, toupet, crinière et queue pour les débarrasser de la paille et des saletés, et les mettre en ordre.

Les chevaux et poneys aiment « s'entre-gratouiller » pour témoigner de leurs satisfactions réciproques. Votre monture peut souhaiter vous rendre cet échange de « papouilles » par un vigoureux coup de tête, ne restez pas en face d'elle : elle ne vous veut aucun mal, simplement vous rendre le bien-être que vous lui avez procuré.

Amener en main au pas

C'est la première action de conduite du cheval ou du poney avant de le diriger monté. En licol ou en filet, vous devez respecter une attitude adaptée. Restez à une distance d'environ 60 cm à côté de son épaule gauche.

Amener en licol en main

Placez-vous à gauche du cheval ou du poney, à hauteur de son épaule sans vous laisser dépasser, le corps dans la direction de la marche.

Tenez la longe dans la main droite à environ 50 cm de sa bouche, et contrôlez le brin restant de la main gauche.

Avancez franchement en l'encourageant si besoin.

La longe ne doit jamais être enroulée autour des doigts ou du poignet.

Amener en filet en main sur le terrain

Le cheval ou le poney étant bridé, faites passer les rênes par-dessus l'encolure et sa tête.

Tenez les deux rênes dans la main droite, l'index les séparant, à une vingtaine de centimètres de sa bouche. Vous contrôlez le flot des rênes restant en le tenant de la main gauche, pour qu'il ne traîne pas au sol et ainsi éviter que votre monture ou vous-même ne marchiez dessus.

Placez-vous à hauteur de l'épaule gauche du cheval ou du poney sans vous laisser dépasser, le corps orienté dans la direction de la marche. Dépliez légèrement le bras droit vers lui pour l'empêcher de trop se rapprocher et risquer ainsi de vous marcher sur le pied par inadvertance.

Conservez une distance de sécurité d'environ 2,50 m avec le couple qui vous précède (soit la longueur d'un cheval).

S'il est sellé, remontez les étriers pour qu'ils ne frappent pas les flancs lors de la marche.

Pour vous arrêter, cessez de marcher : le cheval ou le poney fera de même. Si, toutefois, il voulait avancer, exercez une tension sur les rênes ou sur la longe et dites « OHOOO ». Dès son arrêt, récompensez en cessant toute action sur les rênes ou la longe et caressez-le.

S'il refuse d'avancer, déplacez sa tête à droite ou à gauche en simulant un changement de direction et en l'encourageant de la voix. Demandez de l'aide s'il s'obstine.

Ne tirez jamais sur les rênes, vous obtenez l'effet opposé : il recule ou se défend.

Mener en main en ligne droite et sur des courbes

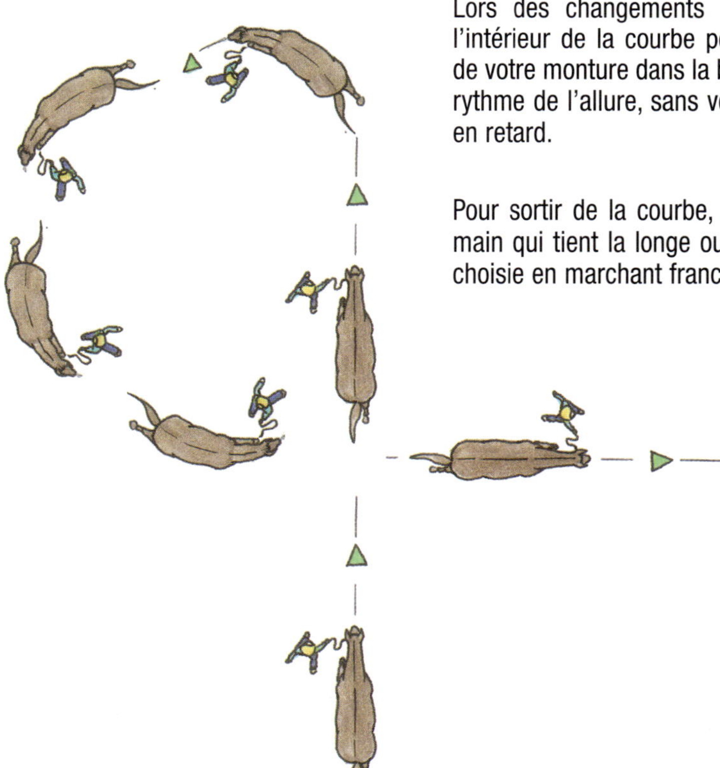

Lors des changements de direction, vous êtes à l'intérieur de la courbe pour orienter le bout du nez de votre monture dans la bonne direction. Marchez au rythme de l'allure, sans vous laisser dépasser ni être en retard.

Pour sortir de la courbe, donc redresser, avancez la main qui tient la longe ou les rênes vers la direction choisie en marchant franchement.

Utiliser un montoir pour se mettre à cheval

Le montoir (ou avantage)

Un montoir (ou avantage) désigne tout objet STABLE et surélevé sur lequel le cavalier monte pour faciliter sa mise à cheval.

Étant surélevé, le cavalier peut se mettre à cheval (avec ou sans selle) sans effort (ce qui est difficile pour un débutant sans ce dispositif), et en parfait respect de la bouche et du dos de sa monture (cavalier tout niveau).

Préréglage à pied des étrivières avant la mise en selle.

Ressangler avant de mettre le pied à l'étrier.

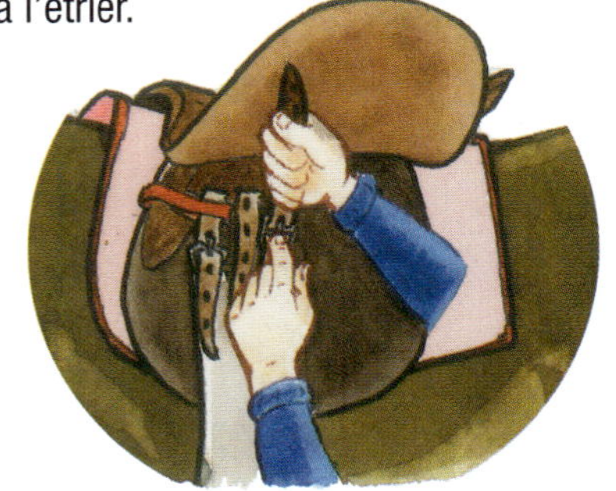

Cette surélévation du cavalier à sa mise à cheval permet d'éviter :

avec ou sans selle

- d'avoir une action excessive sur les rênes lors de la mise à cheval (tirer pour s'équilibrer),
- de retomber lourdement sur le dos (ouf, ça y est !) de sa monture.

avec une selle

- que la selle ne tourne lors de sa mise en selle, même si le sanglage a été vérifié.

Avec ou sans aide, avec ou sans étrier, trois moments importants :

garder les deux rênes ajustées en main gauche (éventuellement la rêne droite un peu plus courte pour éviter de vous faire « pincer les fesses » par un équidé quelque peu farceur),

faire passer la jambe droite bien au-dessus de la croupe pour ne pas lui donner un coup involontaire,

vous asseoir délicatement.

<u>Se mettre en selle.</u>

Placé à hauteur de l'épaule gauche, orienté vers la croupe, saisissez la branche extérieure de l'étrier gauche, faites quelques rebonds impulsifs sur votre pied droit et, en tenant les rênes ajustées dans la main gauche et le pommeau, prenez le troussequin de la main droite pour vous hisser en selle. Asseyez-vous délicatement.

Placé à hauteur de l'épaule gauche, orienté vers le dos, rênes ajustées et poignée de crins tenus en main gauche, placez vos mains sur et juste en arrière du garrot, prenez plusieurs impulsions sur vos deux pieds afin de faire un rétablissement sur vos deux bras qui se tendent pour prendre appui. Asseyez-vous délicatement.

<u>Monter/Sauter à cheval.sans étrier</u>

La mise à cheval en donnant une jambe

Si vous disposez d'une aide à pied, vous pouvez vous mettre à cheval sans montoir en procédant de la façon suivante :

- fléchissez votre jambe gauche,

- votre aide place ses deux mains, l'une derrière votre genou et l'autre devant votre cheville gauche (donc sur votre tibia),

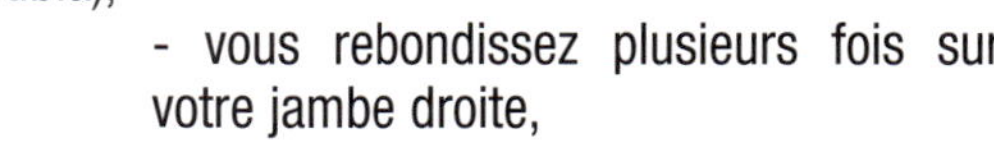

- vous rebondissez plusieurs fois sur votre jambe droite,

- au signal convenu, vous prenez appui sur votre jambe gauche pliée que votre aide à pied va soulever.

Il ne vous reste plus qu'à vous mettre à cheval.

Ressangler en selle

Pour ressangler en selle, les premières fois, faites tenir votre monture par un aide.

Avancez votre jambe gauche sur l'épaule, en avant du quartier de la selle sans déchausser l'étrier, et soulevez celui-ci pour avoir accès aux sanglons et aux contre-sanglons.

Faites remonter les sanglons le long des contre-sanglons, en plusieurs fois afin de ne pas compresser brutalement le thorax de votre monture.

Après avoir effectué quelques pas (environ un tour complet de l'aire d'évolution), vérifiez à nouveau votre sanglage et réajustez si nécessaire : nos amis chevaux et poneys ont appris à se gonfler pour échapper au sanglage brutal !

C'est pour cela, dans le but d'améliorer son confort, que les sangles équipées par des sanglons élastiques sont de plus en plus utilisées.

Descendre (mettre pied à terre)

Votre monture doit être à l'arrêt, parfaitement immobile.

Si vous montez avec une selle :

- déchaussez les deux étriers ;
- prenez les deux rênes ajustées dans la main gauche ;
- posez vos deux mains sur le pommeau et prenez appui sur vos bras tendus en vous penchant en avant ;
- faites passer la jambe droite par-dessus la croupe sans la toucher ;
- en position d'appui sur les mains, laissez-vous glisser doucement en pliant les bras jusqu'à ce que vous soyez debout sur le sol.

Dès que vous êtes à terre, remontez les étriers le long des étrivières, desserrez la muserolle et la sangle, et caressez votre monture.

Si vous étiez à cru (sans selle), les mains se posent sur le garrot, et la technique est identique. Desserrez la muserolle dès que vous êtes à terre, et caressez votre monture.

Tenue des rênes

Les rênes, lanières de cuir ou de tissus attachées au mors et reliées entre elles par-dessus l'encolure, permettent de communiquer avec le cheval ou le poney. Elles sont le trait d'union entre vos mains et sa bouche. Les rênes doivent toujours êtres tournées sur leur plat contre l'encolure (c'est-à-dire ne pas être entortillées).

Deux méthodes de tenue des rênes sont utilisées :

- les deux rênes dans une seule main ;
- une rêne dans chaque main.

Ajuster les rênes : les raccourcir ou les rallonger

Quelle que soit la méthode choisie, vous devez vous efforcer d'avoir un contact souple avec la bouche du cheval ou du poney pour le diriger et le contrôler. La rêne, qui vient du mors, entre dans la main par la paume et sort pincée entre le pouce et l'index.

En fonction de ce qui vous est demandé et de votre habileté, vous devez apprendre à pouvoir les raccourcir (diminuer leur longueur, donc la distance entre vos mains et sa bouche) ou les rallonger (augmenter cette distance, jusqu'à cesser tout contact avec la bouche).

Une rêne dans chaque main

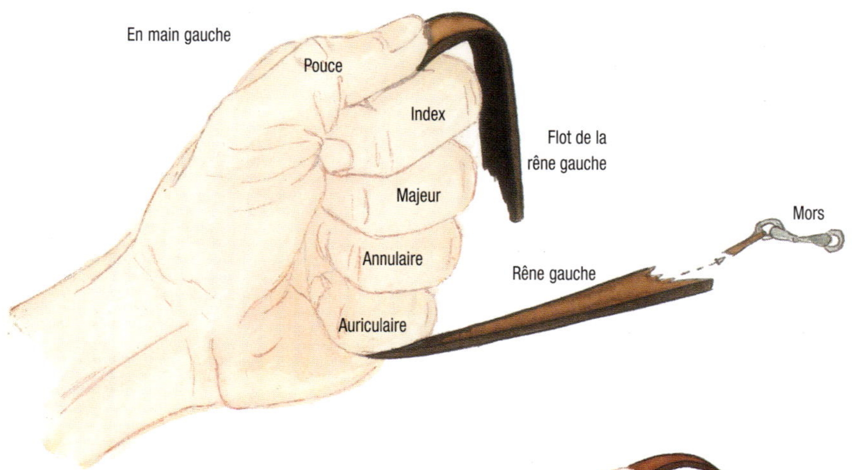

Le pouce et l'index forment <u>UNE PINCE</u> qui agit en frein et permet ainsi au cavalier de contrôler la longueur de la rêne et de ne pas la laisser se rallonger inopportunément.

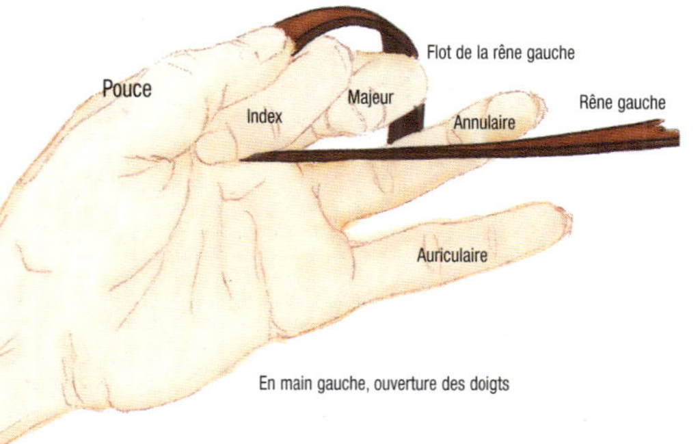

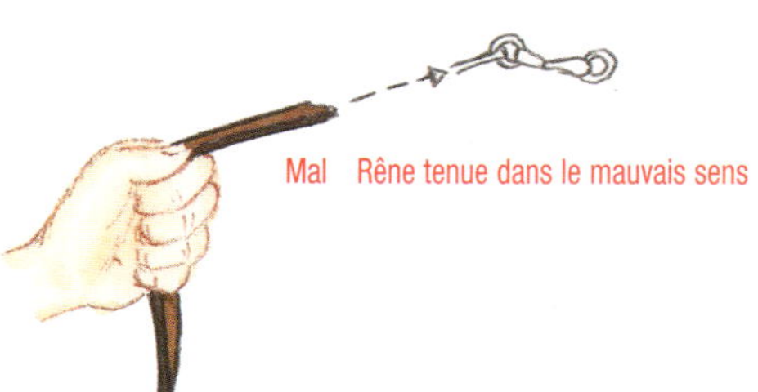

Les deux rênes dans une main

Tenue des 2 rênes en main gauche par exemple, les deux rênes étant séparées par l'auriculaire

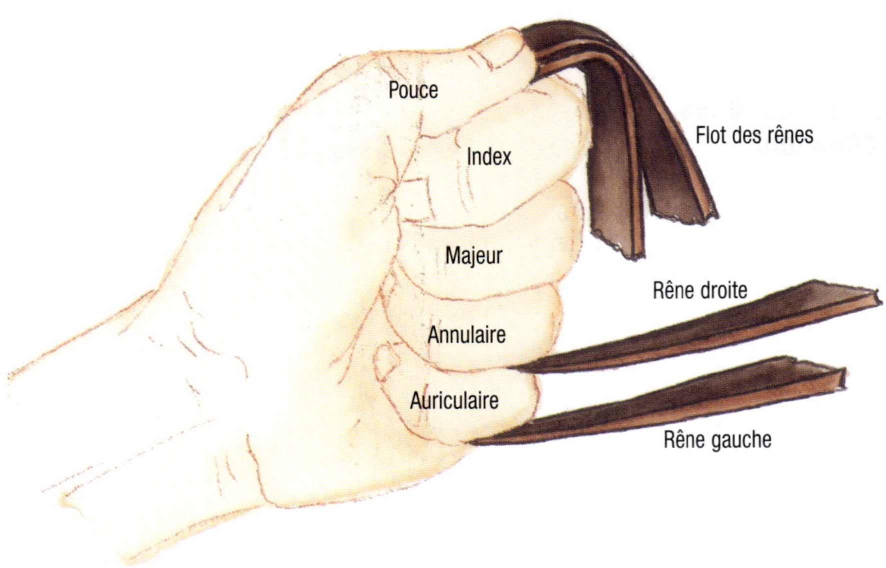

Tenue des 2 rênes en main droite, rênes nont séparées par l'auriculaire

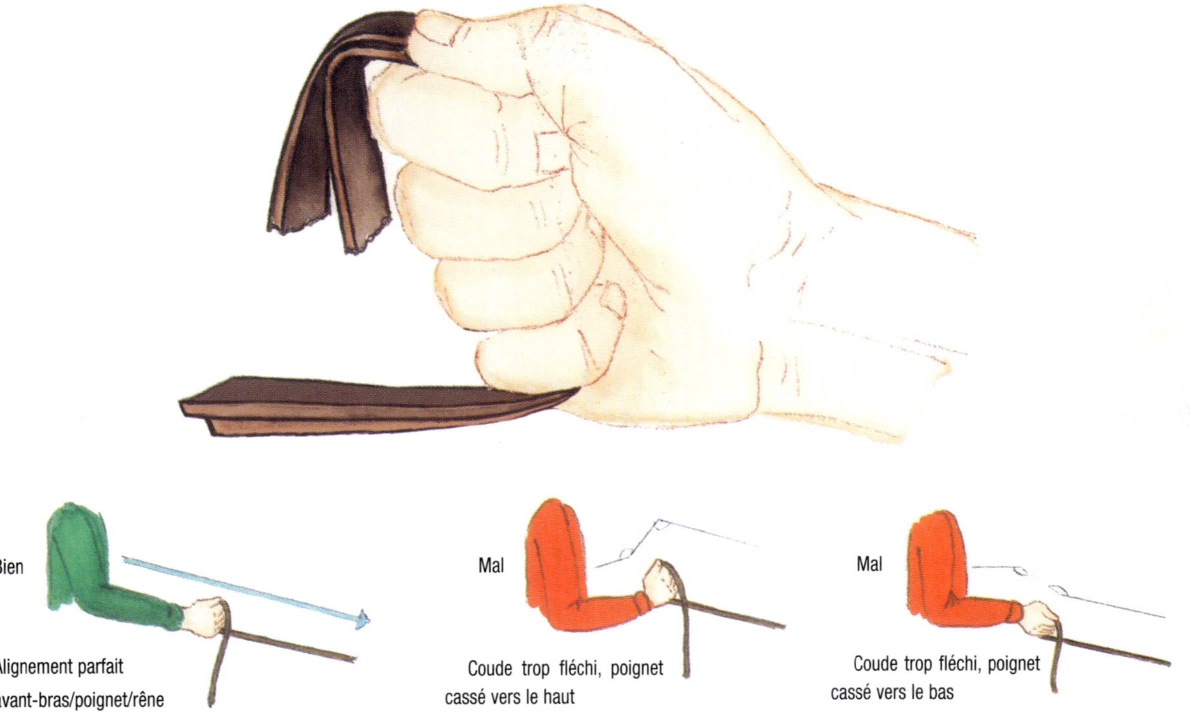

Manipuler les rênes

La manipulation des rênes est un exercice régulier que vous devez maîtriser afin de réagir avec à-propos pour toujours contrôler votre monture.

Prendre et ajuster ses rênes. Les tenir correctement.

Vérifiez bien lorsque vous ajustez vos rênes, qu'elles soient sur le plat : si tel n'est pas le cas, ce détail peut provoquer un manque de précision dans la direction que vous indiquez au cheval ou au poney.

Pouvoir allonger, lâcher, et reprendre les rênes

Le pouce et l'index forment une pince qui agit en frein et permet ainsi au cavalier de contrôler la longueur de la rêne et de ne pas la laisser s'allonger sans l'avoir voulu.

Le cavalier ajuste ses rênes à chaque fois qu'il se prépare à faire un mouvement. C'est une manière d'indiquer à sa monture qu'il va lui demander quelque chose.

À chaque période de retour au calme ou de pause, les rênes sont détendues, voire totalement sur l'encolure, tout en conservant la boucle (ou couture) des rênes au moins dans une main afin de les réajuster si besoin.

Communiquer - Les aides

Par le dressage qu'il a reçu, le cheval ou le poney a appris à interpréter des signaux. Il n'est pas seulement soumis : il comprend le code pour coopérer avec les demandes du cavalier. Les signaux sont transmis par les aides, moyens du cavalier pour communiquer avec sa monture. C'est le langage des aides.

Le mode de fonctionnement du cavalier

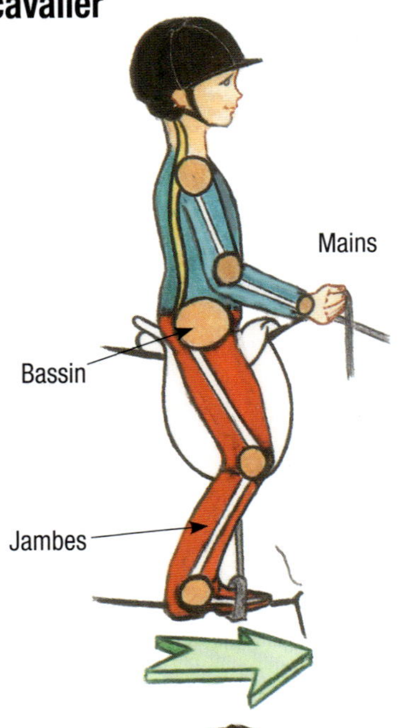

CONTRÔLE DE LA DIRECTION ET DE LA VITESSE :

Les mains demandent, résistent ou cessent d'agir pour diriger, laisser avancer our ralentir

CONTRÔLE DE L'IMPULSION, CONTRÔLE DE L'ALLURE

Le bassin et les jambes fonctionnent de façon cohérente pour augmenter ou réduire la vitesse, et/ou changer d'allure

LE CAVALIER COMMUNIQUE :

> avec son assiette (sur le dos du cheval ou du poney)

> avec la bouche par l'intermédiaire de ses épaules, de ses coudes de ses mains

> sur le ventre par l'intermédiaire de ses cuisses, de ses jambes, de ses mollets

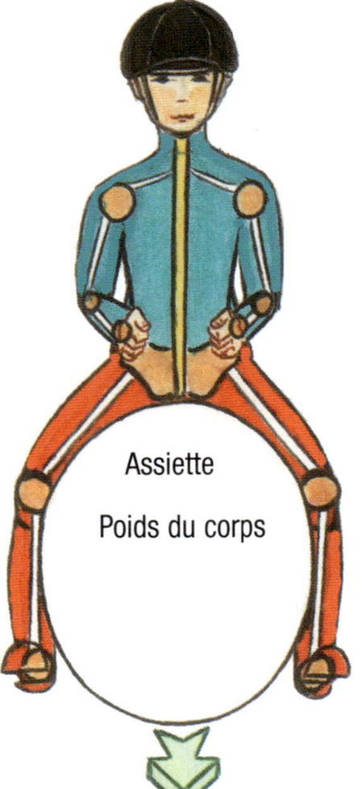

SE STABILISER ET CONFIRMER LA DEMANDE DES MAINS ET/OU DES JAMBES.

Les aides

Il existe deux familles d'aides :
- les aides naturelles ;
- les aides artificielles.

Les aides naturelles

Ce sont tous les moyens naturels dont dispose le cavalier :
- l'assiette par l'intermédiaire de laquelle s'exerce l'action du poids du corps ;
- les jambes, qui agissent ensemble ou séparément ;
- les mains qui dirigent et contrôlent la vitesse ;
- la voix dont les inflexions et les termes utilisés rassurent, encouragent ou confirment les demandes ;
- les caresses qui récompensent.

Les aides artificielles

Ce sont tous les matériels qui renforcent ou précisent l'action des aides naturelles du cavalier, si nécessaire :
- la cravache ;
- l'éperon.

Eperon droit

Cravaches

La cravache est une aide artificielle, c'est-à-dire que c'est un matériel supplémentaire qui permet au cavalier de confirmer ou de préciser une demande à sa monture. Ce n'est pas un outil punitif.

La cravache se tient le long de l'épaule du cheval, languette vers le bas. Elle est utilisée avec à-propos et sans brutalité. Pour confirmer l'action de la jambe, si nécessaire, elle s'emploie juste en arrière de la jambe.

Elle peut être munie d'une dragonne qui vous évite de la laisser tomber au sol si vous ouvrez les doigts.

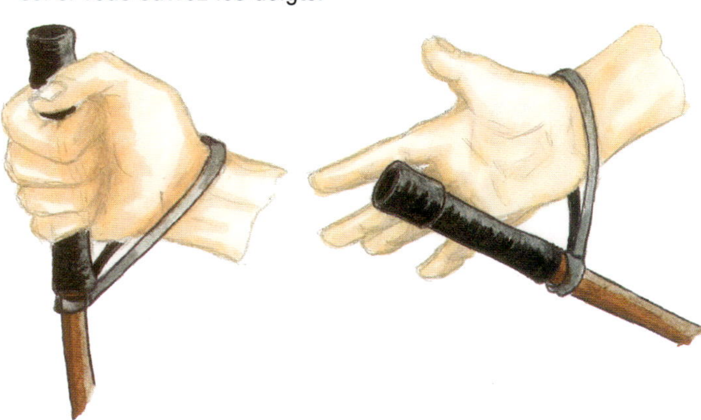

Le pas - Le trot - Le galop

Les trois allures du cheval et du poney se caractérisent par le mouvement des membres et le bruit qu'ils font lorsqu'ils se posent au sol.

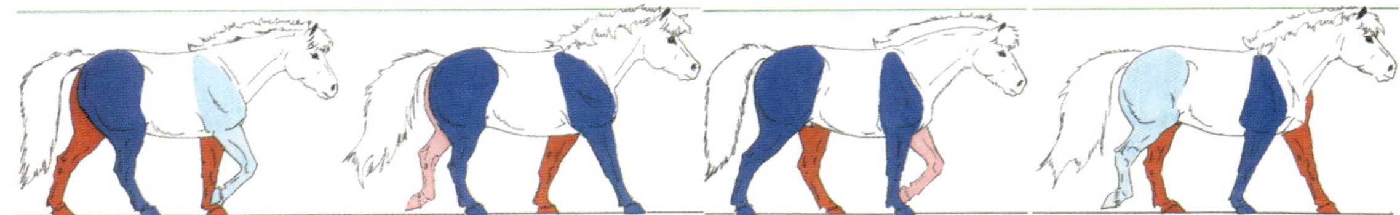

Le pas, allure la plus lente est marchée. Trois membres sont toujours en appui au sol. Vous entendez le bruit des sabots selon un rythme égal : pi-ti-pi-clop / pi-ti-pi-clop. (1,2,3,4 - 1,2,3,4).

Le trot, est une allure symétrique et sautée à deux temps égaux, les membres sont bougés deux par deux séparés d'un temps de projection pendant lequel aucun pied ne touche le sol, où l'on entend deux battues équidistantes (plic-ploc).

Le galop, allure sautée et basculée à trois temps inégaux. On entend trois temps de poser des membres, suivi du silence de la projection où aucun pied ne touche le sol (Ta-Ga-Da + silence). C'est la seule allure qui peut s'identifier « à droite » ou « à gauche ». Souvenez-vous de la chanson « tagada, tagada, voilà les Daltons » : c'est le rythme du galop !

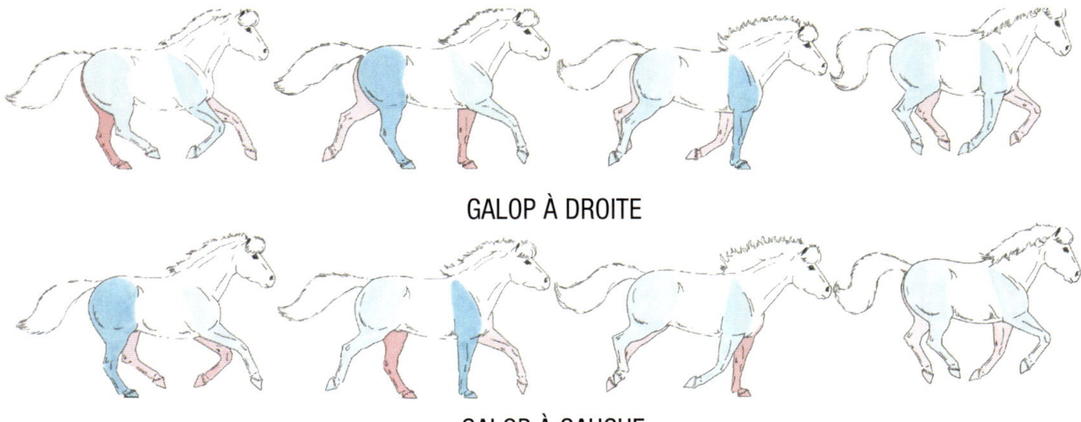

GALOP À DROITE

GALOP À GAUCHE

Les postures du cavalier

On distingue trois familles de postures :
- assis dans la selle - en appui sur les étriers - au trot enlevé.

Quelle que soit la posture dans laquelle vous fonctionnez, vous devrez la **découvrir**, l'**expérimenter** puis la **stabiliser** pour pouvoir l'**utiliser** à travers le déplacement de votre poids du corps.

La posture en équilibre assis

C'est la posture de base du cavalier à cheval.

Bien assis d'aplomb, le poids du corps est réparti sur les deux fesses, le haut du corps tonique, souple et droit, les jambes tombant naturellement, la pointe de pied naturellement vers le bas lorsque vous êtes sans étrier, le talon plus bas que la pointe du pied lorsque l'étrier est chaussé.

Cette attitude vous permet d'amortir, de suivre et d'accompagner les mouvements de votre monture.

L'équilibre assis :
Le haut du corps repose sur les fesses,
Le bas du corps repose sur les étriers, jambes au contact.

La posture en équilibre sur les étriers

Le maintien de cet équilibre est obtenu par :

- le jeu des articulations inférieures, hanches, genoux et chevilles, qui amortissent les mouvements de la monture ;
- la légère inclinaison du buste vers l'avant, le regard droit ;
- les mains qui restent en contact avec la base de l'encolure sans s'y appuyer, les rênes étant ajustées un peu plus courtes.

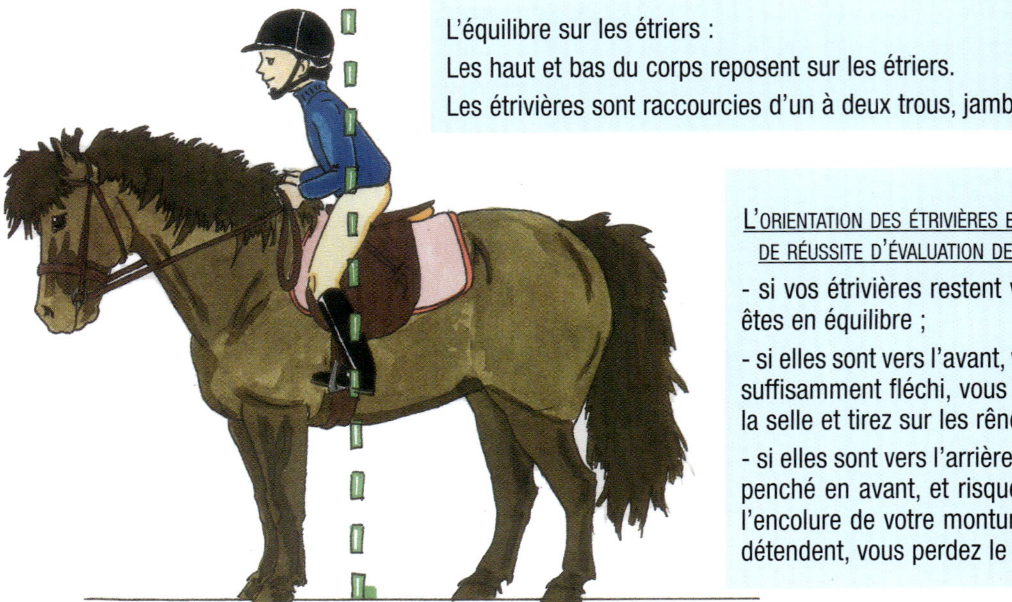

L'équilibre sur les étriers :
Les haut et bas du corps reposent sur les étriers.
Les étrivières sont raccourcies d'un à deux trous, jambes au contact.

L'orientation des étrivières est votre critère de réussite d'évaluation de cet équilibre :

- si vos étrivières restent verticales, vous êtes en équilibre ;
- si elles sont vers l'avant, vous n'êtes pas suffisamment fléchi, vous retombez dans la selle et tirez sur les rênes ;
- si elles sont vers l'arrière, vous êtes trop penché en avant, et risquez d'embrasser l'encolure de votre monture, les rênes se détendent, vous perdez le contact.

Trotter enlevé

Pour augmenter votre confort, vous marquez un temps sur deux en vous enlevant légèrement de la selle en appui sur les étriers. L'allure est ainsi nettement plus facile à accompagner.

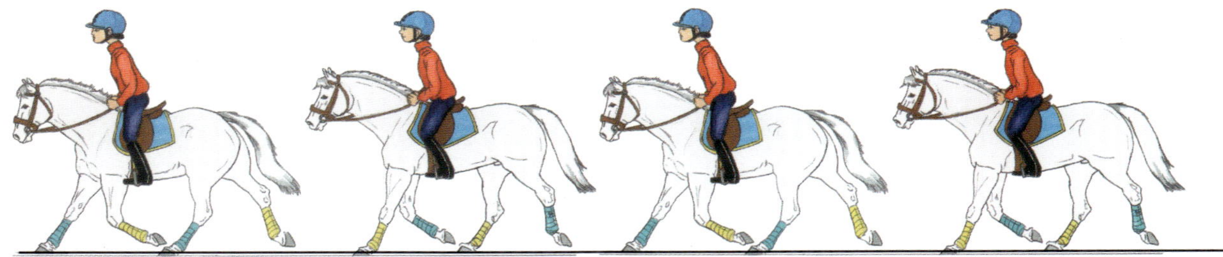

Sur cette illustration, le cavalier trotte enlevé.

Le buste légèrement incliné vers l'avant, proche de l'attitude d'équilibre sur les étriers, vous laissez le dos de votre monture vous enlever de la selle, en rythme avec l'allure, sans vous déplier totalement, et reprenez le contact avec le siège, près du pommeau, sans vous asseoir au fond de la selle.

Continuez à regarder devant vous, vous aide à la stabilité.

Chausser et déchausser les étriers

Chausser

Pour chausser ses étriers, à l'arrêt ou au pas, vous devez relever et rentrer les pointes des pieds vers l'intérieur et vous assurer que les étrivières sont disposées sur leur plat afin d'éviter des frottements douloureux sur les faces internes des jambes. Les étriers sont chaussés à l'endroit lorsque la branche avant de l'étrier est située à l'extérieur.

Déchausser

En soulageant l'appui que vous exerciez sur le plancher de l'étrier, vous dégagez le pied vers l'arrière.

Conseils :

Le cavalier ne chausse pas ses étriers à fond, mais au tiers du pied, il garde ainsi la cheville libre de ses mouvements. Le talon doit être légèrement baissé.

Les étriers sont souvent réglés relativement courts, au début de votre apprentissage, pour plier le genou et permettre le fonctionnement de la jambe.

Chausser et déchausser les étriers au pas et au trot est un exercice qui permet au cavalier d'être à l'aise en cas de perte inopinée d'un ou des deux étriers puisqu'il sait rechausser facilement, et contribue à l'amélioration de son assiette.

G 1

Avancer - Ralentir - S'arrêter

Ce sont les actions liées au contrôle de l'impulsion de votre monture. Afin d'être compris et obéi par votre monture, vous devez lui transmettre des consignes claires, précises et coordonnées.

Avancer

Desserrez les doigts sur les rênes (sauf le pouce et l'index qui contrôlent leurs longueurs) ajustées en même temps que vous agissez avec vos deux jambes par pressions égales et simultanées des mollets. Cessez dès que votre monture obéit.

Ralentir, s'arrêter

Resserrez les doigts sur les rênes ajustées sans reculer les coudes et les mains, en même temps que vous redressez le haut du corps en effaçant vos épaules vers l'arrière, les deux jambes restant au contact des flancs.

Dès que votre monture s'arrête, desserrez les doigts sur les rênes sans les lâcher et laissez vos jambes tomber naturellement.

Galoper quelques foulées

Pour demander le départ au galop, à partir du trot, les rênes étant ajustées, vous prenez le collier ou la crinière dans la main intérieure. Vous profitez de l'entrée dans le coin pour décaler la jambe extérieure vers l'arrière. Vous déclenchez le galop par une petite pression de jambes.

Restez décontracté pour, si vous êtes en posture assise, laisser votre bassin fonctionner librement d'arrière en avant.

Si vous êtes en appui sur les étriers, vous veillez à ne pas vous jeter en avant, conservez la crinière ou le collier et conservez la posture d'équilibre sur les étriers.

Un collier (une étrivière, par exemple) est posé autour de l'encolure afin de vous éviter de vous raccrocher aux rênes.

Diriger

Ce sont les actions liées au contrôle de la direction de votre monture. Afin d'être compris et obéi par votre monture, vous devez lui transmettre des consignes claires, précises et coordonnées.

Pour changer de direction :

- ajustez les deux rênes, si besoin est ;
- regardez dans la direction où vous voulez aller en orientant la tête, vos épaules et le buste ;
- maintenez l'impulsion avec vos deux jambes, ou demandez à votre monture d'avancer plus énergiquement si nécessaire.

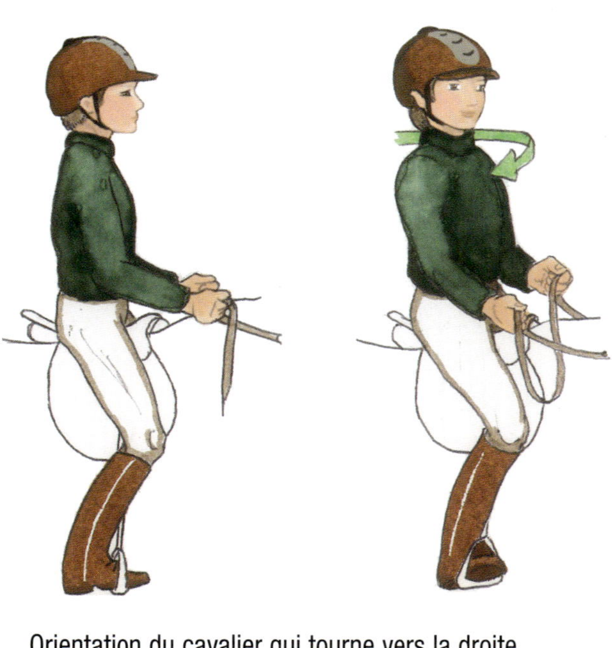

Orientation du cavalier qui tourne vers la droite (une rêne dans chaque main)

Tourner à droite, les deux rênes dans la main gauche

Parties principales

DU FILET

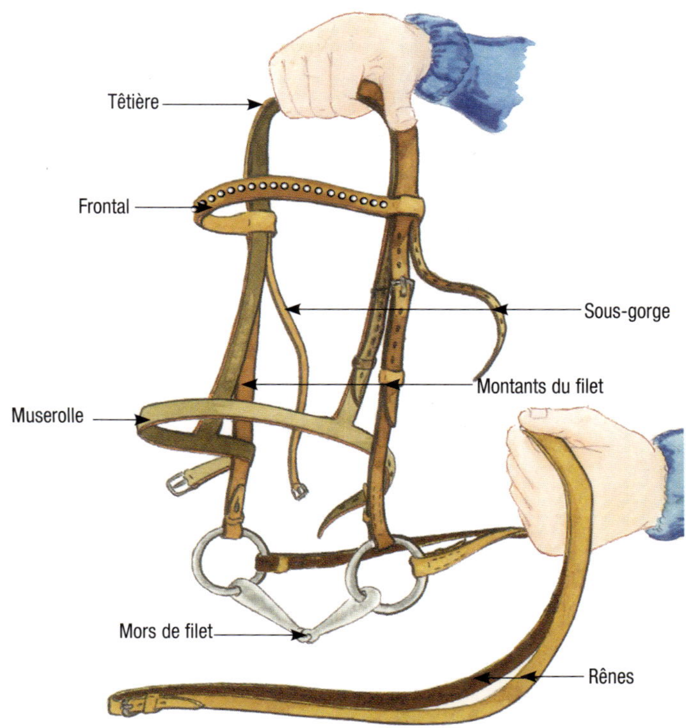

DE LA SELLE

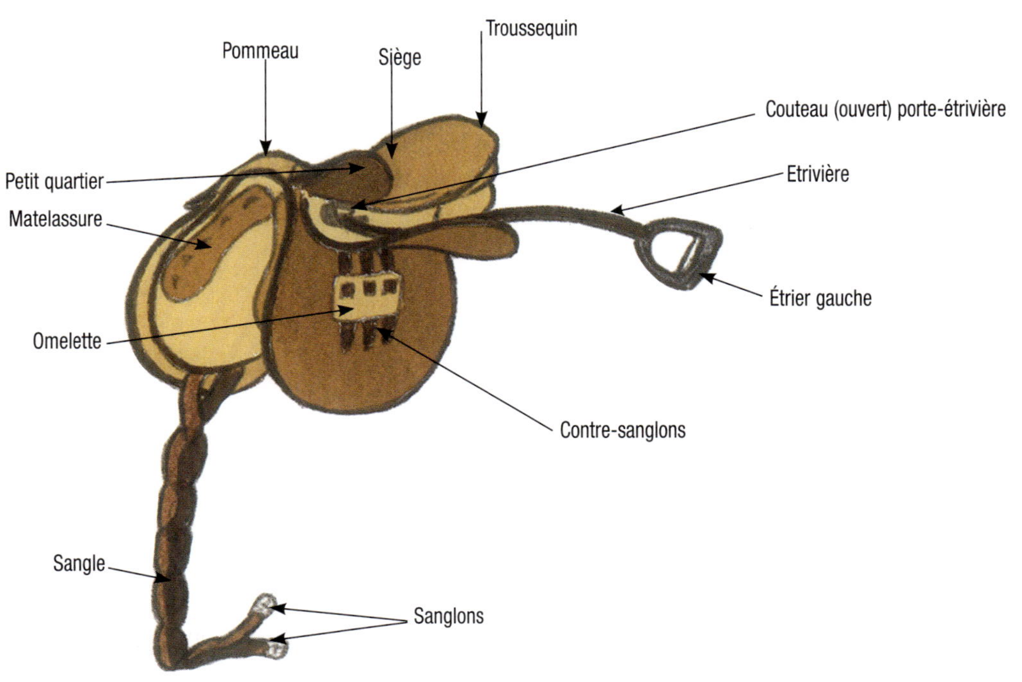

Desseller

Après avoir mis pied à terre, desserrez la sangle, la muserolle, remontez les étriers, et rentrez votre cheval à l'écurie. Ne dessellez jamais tant que votre monture n'est pas attachée.

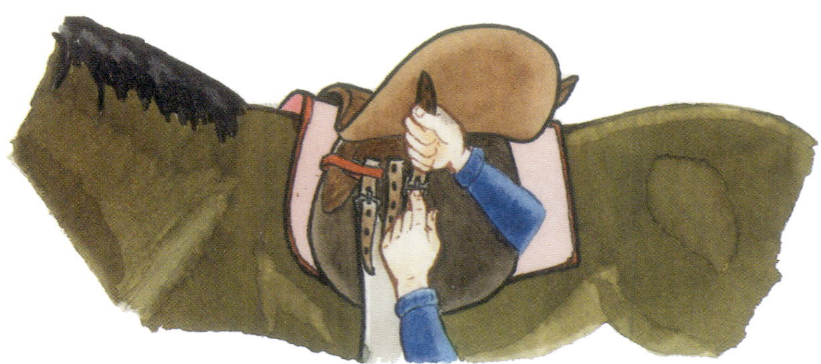

Dessanglez du côté gauche en retenant la sangle dans votre main pour éviter qu'elle ne vienne frapper les membres antérieurs.

Passez du côté droit et posez la sangle sur le siège de la selle.

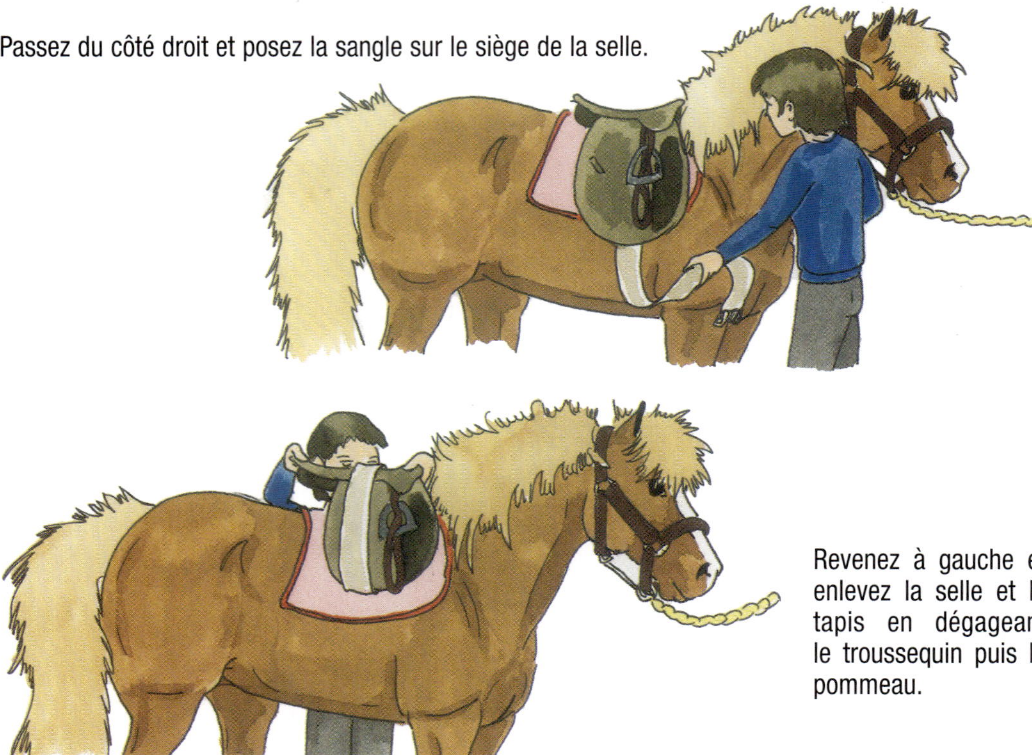

Revenez à gauche et enlevez la selle et le tapis en dégageant le troussequin puis le pommeau.

Posez la selle et son tapis, s'il n'y a pas de porte-selle à proximité, dans un endroit où ils ne risquent ni de blesser, ni d'être abîmés.

Protégez le troussequin de la selle et retournez le tapis et la sangle pour qu'ils sèchent plus vite.

Débrider

Attachez votre monture avant de la débrider.

Placez-vous à sa gauche et, après avoir attaché la longe, bouclez le licol en collier de chien autour de son encolure.

Débouclez la muserolle puis la sous-gorge du filet.

Faites remonter les rênes jusqu'à la têtière et faites passer l'ensemble par-dessus les oreilles, l'une après l'autre, la gauche puis la droite.

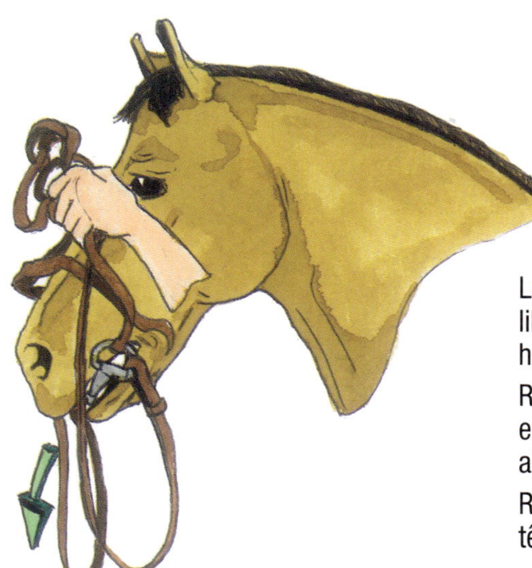

Laissez votre monture ouvrir d'elle-même la bouche pour libérer le mors. Ne tirez pas pour éviter que le mors ne heurte ses dents.

Rincez le mors à l'eau claire en grattant les résidus collés, en prenant soin de ne pas mouiller les cuirs (qui perdent alors leur souplesse et deviennent cassants).

Rangez le filet sur le porte-filet, boucles des rênes sur la têtière, frontal et muserolle vers vous.

G 1

S'occuper de sa monture après le travail

Vous venez de mettre pied à terre. Deux cas se présentent à vous :
- ***votre monture est immédiatement remontée par un autre cavalier,***
- ***votre monture doit être ramenée dans son logement.***

Votre monture remontée ou non après vous, pas d'hésitation !

Aucune importance, vous savez qu'elle sera dorlotée par un autre que vous...

Vous vous renseignez auprès de l'équipe dirigeante pour connaître l'heureux élu qui profitera de vos attentions.

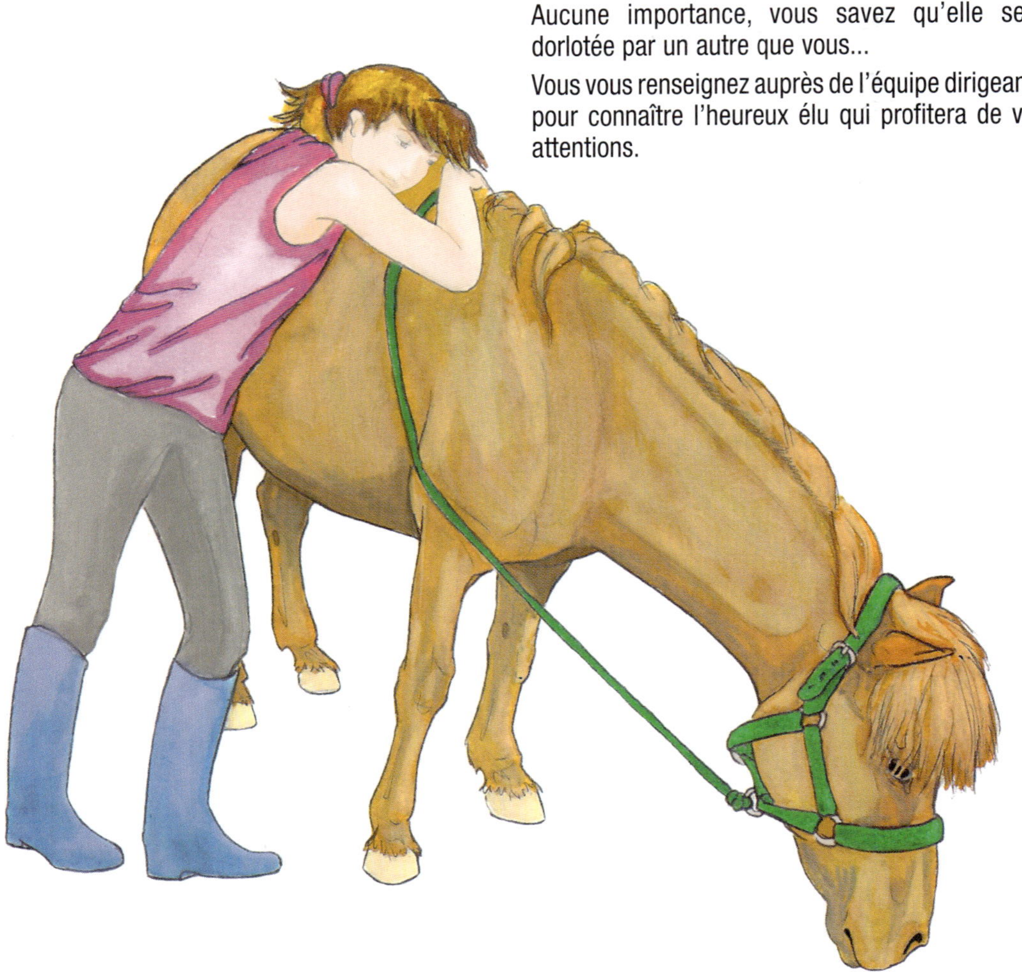

Si vous ramenez votre monture au box, après l'avoir dessellée et débridée, vous lui prodiguez les soins élémentaires qui vous permettent d'observer si tout va bien : passez le bouchon sur l'ensemble du corps, particulièrement sous la selle, la sangle, et le filet. Cela vous permet de laisser le cheval ou le poney bien propre et de vérifier s'il n'a pas d'irritation ou même de blessure. Si vous en avez la possibilité, emmenez-le en main brouter : comme la jeune fille ci-dessus, vous pourrez partager un moment d'intimité qui n'appartiendra qu'à vous deux !

Les modes de logement

Le logement désigne les locaux où les chevaux et les poneys vivent. En fonction de leur taille et/ou de leur caractère, ils sont hébergés dans quatre modes de logement : le box, la stalle, la stabulation, trois logements couverts, et la pâture (= le pré) qui doit obligatoirement disposer d'un abri.

Le paddock, enclos de petites dimensions fermé, permet au cheval ou au poney de se déplacer librement, avec un petit groupe de congénères.

LE BOX

C'est une pièce individuelle d'au minimum 3 m x 3 m x 3 m (soit 27 m^3), où le cheval se déplace et se couche librement. Il est équipé d'une mangeoire et d'un abreuvoir individuels. La litière, de paille, de copeaux de cuir, de copeaux de bois ou autre, doit être entretenue régulièrement.

LA STALLE

Le cheval, équipé d'un licol et d'une longe, est attaché avec un système coulissant qui lui permet de se coucher et de profiter du voisinage immédiat de ses congénères, mais qui l'empêche de se retourner.

Ses excréments sont expulsés vers l'entrée de la stalle et sont donc faciles d'accès pour le ramassage, il ne peut donc pas s'infester de ses parasites. La litière est généralement en paille. La stalle est équipée d'un abreuvoir et d'une mangeoire individuels.

LA STABULATION LIBRE

C'est un espace clos, le plus souvent couvert où plusieurs équidés, souvent de petite taille, sont hébergés. Ils y sont en liberté et profitent pleinement de leur instinct grégaire*. Ils ne sont pas ferrés aux postérieurs.

* Grégaire : se dit d'une espèce animale qui vit en groupe ou en communauté, sans être nécessairement sociale.

LA PÂTURE

C'est un espace en herbe plus ou moins grand, clôturé d'une barrière (d'une hauteur d'1,50 m minimum pour les chevaux) ou d'un ruban électrifié, qui dispose d'un abri construit ou naturel, d'une mangeoire et d'un abreuvoir. Les équidés y sont en liberté comme dans la stabulation libre. Un abri et un endroit réservé à de l'eau propre doivent être prévus.

Aborder - Faire entrer - Lâcher

Aborder un cheval ou un poney « en liberté »

Au paddock, en stabulation ou au pré, s'il est seul, il peut utiliser tout l'espace disponible pour tenter de ne pas venir à vous ou de s'enfuir. Restez calme, appelez-le par son nom, et venez vers lui, éventuellement avec une friandise (carotte...). À son contact, caressez-le puis mettez-lui le licol.

S'ils sont plusieurs, il est important de veiller à vous approcher du cheval ou du poney en vous signalant par appel de son nom, pour ne pas générer une « petite panique » pour ses co-locataires. Il va certainement user de son instinct grégaire pour se réfugier au sein du groupe. C'est normal ! Avancez sereinement, écartez les autres équidés, et mettez-lui le licol.

Où que ce soit, veillez à refermer soigneusement la barrière ou la porte derrière vous afin qu'il(s) ne s'échappe(nt) pas avant de mettre ou enlever le licol.

Particularité de la clôture électrique

À votre niveau, il est conseillé de ne pas être seul : un aide qui contrôle l'ouverture et la fermeture de cette clôture vous permet d'aborder ou de lâcher un cheval ou un poney sans souci.

Les ouvertures des clôtures électriques sont équipées de poignées isolantes qui vous permettent de ne pas recevoir de décharge électrique. C'est uniquement ces poignées que vous devez manipuler. Les rubans ne doivent jamais être posés au sol.

Pour ouvrir, décrochez toujours la poignée du ruban électrifié du bas, que vous posez sur le ruban du haut avant de décrocher la poignée du haut. Avancez-vous en écartant les rubans (toujours en tenant la poignée isolante). Refermez en ordre inverse : ruban du haut, puis ruban du bas.

Si vous avez le cheval ou le poney en main en licol, lorsque vous ouvrez ou refermez la clôture, prenez soin de conserver 1 à 2 mètres de distance entre lui et les rubans, que vous levez bien haut.

Lâcher

Lorsque vous relâchez un cheval ou un poney dans son mode de logement, vous devez respecter certaines règles de sécurité.

S'il vit seul dans le logement : après avoir ouvert la porte en grand pour qu'il ne s'y cogne pas, entrez avec lui et faites-lui faire un tour complet afin de réorienter sa tête vers la sortie. Vous pouvez alors déboucler et lui enlever le licol sans craindre un éventuel coup de pied, et refermer soigneusement tous les verrous.

Si vous le ramenez dans un logement où d'autres équidés sont présents : ouvrez la porte en grand, entrez avec lui et faites-lui faire demi-tour en veillant à ce qu'aucun de ses compagnons n'en profite pour s'échapper : vous leur faites barrage avec votre monture et votre corps. Débouclez et ôtez le licol, refermez soigneusement.

Que ce soit pour faire entrer ou pour faire sortir un cheval ou un poney, la porte doit toujours être ouverte en grand, et vous devez le présenter en face et au milieu de l'entrée/sortie, après lui avoir demandé un arrêt en main.

Les comportements

Mode de vie et organisation sociale

Le cheval ou le poney est né pour vivre en liberté. Au pré, ils vivent en petit groupe où l'instinct grégaire détermine la place de chacun. Un cheval entier, un mâle, un cheval d'âge ou puissant, une jument de fort caractère peuvent assurer le rôle de cheval dominant, de chef au sein du troupeau. La hiérarchie instaurée doit être respectée de tous sous peine de punitions.

Les chevaux et les poneys aiment vivre ensemble, c'est ce que l'on appelle l'instinct grégaire.

En liberté en pâture, les rôles de dominant - dominé s'expriment d'autant dès lors que vous distribuez les repas : l'instinct de survie l'emporte, le désordre, le bruit et les disputes vont se manifester. C'est pourquoi vous devez nourrir tout le monde en même temps, en plusieurs endroits.

Mode de communication

Le cheval ou le poney hennit relativement peu souvent. Il émet un ronflement approbateur ou non selon la circonstance. Il souffle et couine. Il s'exprime davantage par des attitudes ou des mouvements caractéristiques qui sont vus et compris par ses congénères. L'homme doit les observer pour les comprendre et réagir en fonction du message transmis.

<u>La tête</u>

Tenue haute, elle révèle un intérêt, une inquiétude ou une prise d'information. En port naturel, elle exprime la confiance et la sérénité. Basse, elle signale souvent un abattement, une perte de moral.

<u>Les yeux</u>

Grands ouverts sans ciller, c'est le trouble et l'inquiétude. Fermés, chut, je dors !

<u>La bouche</u>

Le claquement des mâchoires exprime la soumission chez les jeunes chevaux. Il mord dans sa porte ou au box par énervement ou ennui.

<u>Les oreilles</u>

Leurs positions indiquent son humeur (voir Galop 1 page 21).

<u>La queue</u>

Portée en panache, elle est signe de liesse et d'énergie (vous l'observez lorsque vous lâchez un cheval ou un poney en liberté). Plaquée, elle est signe de forte soumission, voire d'appréhension.

Une queue lentement agitée exprime la confiance et le calme, une queue qui fouaille traduit l'inquiétude, l'énervement.

<u>Les pieds</u>

Il gratte des antérieurs pour exprimer son énervement, et tape dans sa porte quand il est impatient lors de la distribution des repas, pour réclamer sa sortie ou mendier une friandise. Il donne des coups de pieds dans les murs par énervement ou douleur.

Le monde sensoriel

Les cinq sens : principales caractéristiques.

G 2

Le cavalier doit obtenir de son cheval une soumission consentie grâce à un code établi sur le langage corporel et sur une compréhension mutuelle.

Cette recherche permet de gagner en sécurité par le simple fait que l'on observe, interprète et donc comprend mieux les actions et réactions du cheval ou du poney.

Ses applications se font dans toutes les activités équestres et quel que soit le niveau.

Cette approche naturelle aide le cavalier quant au choix de sa discipline de prédilection.

Le cheval ou le poney est un animal dont les sens sont très développés.

LA VUE

La vision du cheval ou du poney est très différente de celle de l'homme. Ses yeux, situés sur les côtés, lui permettent de voir sur les côtés, vers l'arrière et vers l'avant. Mais la position de ses yeux l'empêche de voir de très près, et immédiatement derrière lui (zones aveugles). Il est plus sensible que l'homme aux mouvements, aux contrastes et aux reliefs.

Son champ visuel couvre pratiquement 360°, mais les zones aveugles doivent être prises en compte.

Il dispose, par ailleurs, d'une très bonne vision nocturne. Il a cependant besoin d'un temps d'adaptation pour passer d'une zone d'ombre à la lumière.

L'ouie

Le cheval ou le poney dispose d'une ouïe très fine. Les oreilles, implantées au sommet de la tête, pivotent pour capter tous les bruits de son environnement. Indépendantes l'une de l'autre, elles se conjuguent pour optimiser son écoute. La forte mobilité de sa tête et de son encolure concoure à la localisation des sons.

L'odorat

C'est un sens très développé chez le cheval ou le poney. Il exécute souvent une « grimace » caractéristique des lèvres lorsqu'il veut améliorer sa perception d'une odeur particulière qui l'intrigue, l'intéresse ou qu'il recherche. C'est ainsi que l'étalon retrousse sa lèvre supérieure pour s'assurer que la jument est en chaleur. Ses naseaux se dilatent ou se contractent selon l'effet recherché.

Passer à proximité d'un lieu où une forte odeur désagréable se propage est souvent problématique à cheval.

Flairer un congénère est un impératif des chevaux ou des poneys : ils se reconnaissent et adoptent une attitude convenant au rang qu'ils ont dans le groupe.

Le goût

Il préside à l'appréciation de la saveur des aliments et de la boisson. Le cheval ou le poney sélectionne dans la nature les herbes qu'il préfère manger. Il est aussi capable de trier sa ration ou de délaisser un médicament mélangé à sa ration...

Les papilles de sa langue possèdent des propriétés sapides qui sélectionnent les corps indésirables.

Le toucher

Les longs poils sensitifs (appelés vibrisses) répartis aux lèvres et aux arcades orbitaires jouent un rôle tactile.

La peau du bout du nez très mobile et des lèvres, d'une extrême finesse, lui permet de trier la nourriture avant de l'absorber.

L'ensemble du corps du cheval ou du poney, par l'intermédiaire des muscles peauciers très sensibles, réagit au toucher. Une simple mouche venant se poser provoque inévitablement une réaction visant à la chasser.

Ses pieds le renseignent sur la nature et la qualité du sol.

Le cheval ou le poney possède une impressionnante mémoire - surtout olfactive (odorat), tactile (toucher) et auditive (ouïe) - ce qui contribue à en faire un partenaire dans son dressage.

Lors du pansage, vous constatez les endroits chatouilleux de votre monture.

Vous constatez également la satisfaction qu'il exprime lorsque vous le caressez.

Attacher

La hauteur d'attache

Vous devez respecter la longueur d'attache, qui correspond à celle d'une encolure, c'est-à-dire de la nuque au garrot.

Trop longue, le cheval ou le poney peut passer sa tête sous la longe, prendre peur en se redressant et se débattre ou passer un membre par-dessus qui se trouverait soulevé du sol et mettrait le cheval sur trois pieds (prise de longe).

Trop courte, il se sent prisonnier et tente de se libérer en tirant vers l'arrière : il « tire au renard ».

Rappel : le nœud utilisé pour l'attache est un nœud qui empêche le cheval ou le poney de se libérer seul, mais qui vous permet de le libérer instantanément en cas de problème.

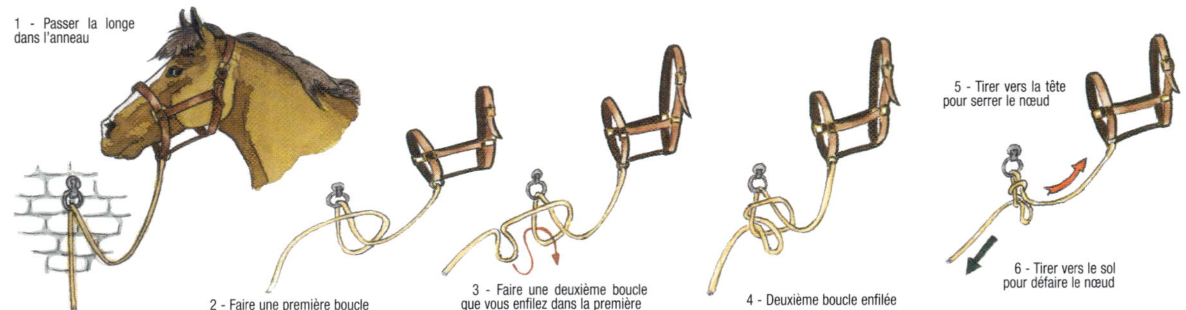

Vous choisissez l'anneau d'attache en fonction de la taille du cheval ou du poney.

Sa hauteur doit correspondre, au minimum, avec celle du garrot. Attacher trop haut n'est pas un problème. Trop bas, vous risquez fortement une prise de longe.

Pour ce cheval, vous pouvez utiliser les anneaux 1 et 2.
Pour le poney, les 1, 2 et 3.

Le pansage

Le pansage est la toilette du cheval ou du poney. C'est le moment où vous vérifiez son état général en lui prodiguant des soins, et pendant lequel vous renforcez votre complicité réciproque. Le pansage doit se faire dans un lieu aéré afin d'éviter la poussière.

Panser

Vous devez être méthodique.

Passez l'étrille dans tous les sens du poil, mais uniquement sur les parties musculaires, voire sur l'arrière des tendons, sans arracher les poils.

Passez le bouchon sans oublier de le nettoyer sur l'étrille.

Faites briller le poil.

Démêlez le toupet, la crinière et la queue.

G 2

L'étrille

En fer, à picots ou en caoutchouc, elle ne s'utilise que sur les parties charnues dont elle décolle en profondeur les saletés. Faites de grands cercles et frappez-la au sol pour en faire tomber la crasse : c'est ce que l'on appelle des témoins.

Etrille en caoutchouc

Le bouchon

Brosse dure en chiendent ou fibres synthétiques, il s'utilise sur l'ensemble du corps exceptés les yeux, les naseaux, les lèvres, les organes génitaux et l'anus. Il enlève la majeure partie des saletés décollées par l'étrille.

Jaune paille : bouchons en chiendent poils durs

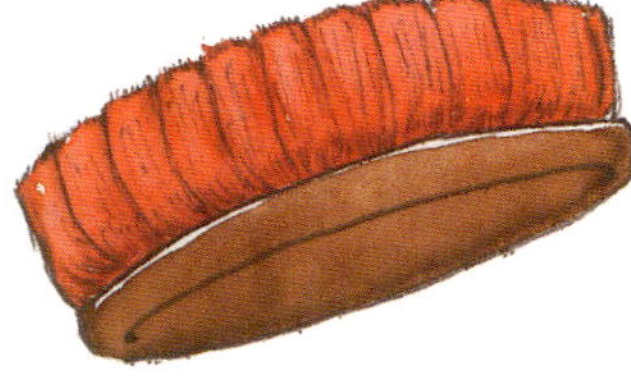

Rouge (d'autres couleurs sont possibles) : bouchons en poils de nylon

Brosser les parties sensibles de la tête - Faire briller le poil

Passez la brosse douce, brosse en soie qui peaufine le brossage en enlevant les dernières poussières et en lissant le poil, sur toutes les parties du corps, des membres et de la tête.

Vous brossez à rebrousse-poil, puis dans le sens du poil et vous décrassez la brosse douce sur l'étrille pour en retirer les saletés.

Démêler le toupet, la crinière et la queue

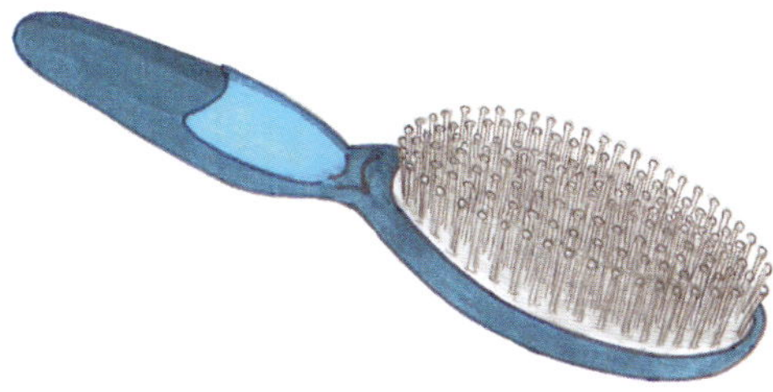

Après les avoir démêlés et défait les nœuds des crins à la main, brossez-les crins tout du long pour finir de les démêler en défaisant les derniers nœuds et en retirer les crins morts.

Curer les pieds

Cure-pieds de différents modèles, avec ou sans brosse

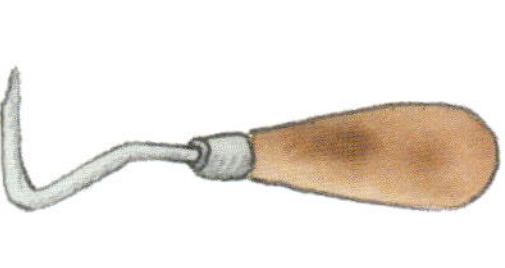

Caressez de haut en bas le membre jusqu'au sabot, demandez son pied avec l'ordre « Donne », gentil mais ferme. Pour l'antérieur, appuyez votre épaule contre le bas de la sienne : il reporte son poids sur l'antérieur opposé et vous donne le pied demandé plus facilement.

Quel que soit le pied demandé, restez toujours parallèle à l'axe du cheval ou du poney : l'écarter lui fait mal et peut le déséquilibrer.

Curer un antérieur.

Curez les pieds pour nettoyer la sole, la fourchette et ses lacunes, en enlevant tout corps étranger et vérifier l'état du pied et de la ferrure, s'il en a une.

Prendre un postérieur : de même que pour l'antérieur, en fonction du dressage du cheval ou du poney, vous pouvez curer dans l'axe ou croisé.

G 2

La bouche

Modes d'alimentation et d'abreuvement

L'alimentation commence par la bouche du cheval ou du poney, dans laquelle s'effectue la première étape de la digestion.

Il sélectionne le fourrage et les petits éléments de nourriture (tels les grains, les flocons ou les granulés) en les attrapant à l'aide de ses lèvres très sensibles et préhensiles.

Les « vibrisses » (poils longs et durs recouvrant ses lèvres) contribuent à la sélection des aliments. C'est ainsi qu'il peut écarter les médicaments que l'on veut lui donner, bien qu'ils aient été mélangés à sa ration...

Barres = espaces sans dent entre les incisives (canines - également appelés crochets- s'il y en a) et les prémolaires. C'est là que se positionne(nt) le (ou les) mors.

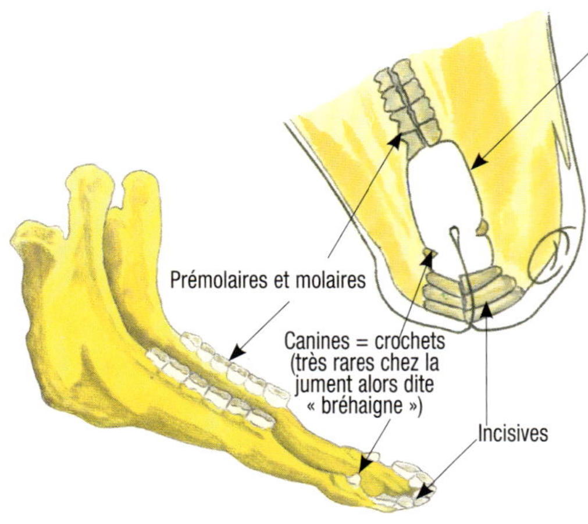

Ses incisives, dents de devant, coupent le fourrage, la langue fait reculer la bouchée vers les dents du fond (prémolaires et molaires) qui broient les aliments.

La salive produite pendant le mâchage imprègne la bouchée pour en faciliter l'avalement. En fonction de la nature de l'aliment mastiqué, il y a production de 2 à 4 litres de salive.

Pour boire, le cheval ou le poney pince ses lèvres et aspire l'eau dans sa bouche avant de l'avaler.

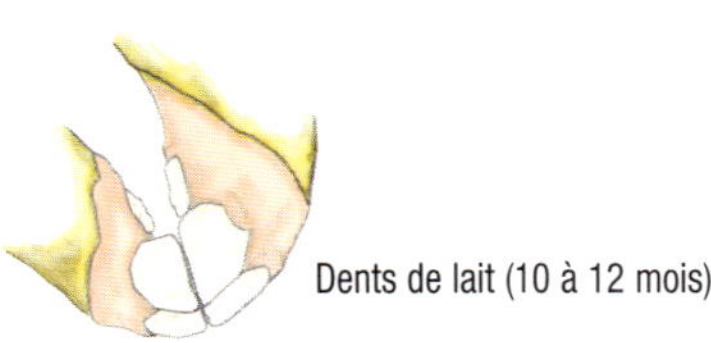
Dents de lait (10 à 12 mois)

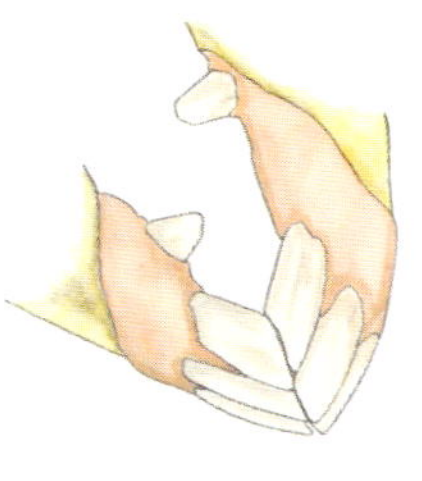
Dents définitives et très inclinées du cheval ou poney âgé (17 ans)

Comportements alimentaires

Le cheval est un herbivore qui passe le plus clair de son temps à brouter lorsqu'il est à l'état naturel ou en pâture, mais ne rumine* pas.

Son estomac simple étant petit (12 à 15 litres) et fragile, il est recommandé de fractionner la ration quotidienne en trois (voire cinq) repas devant être donnés à heure fixe.

Il faut éviter de faire travailler le cheval ou le poney dans l'heure qui suit la distribution d'un repas pour éviter tout problème digestif.

La ration journalière doit être équilibrée et adaptée à l'âge, au sexe, à l'activité et au poids de l'équidé. Elle doit avoir un volume suffisant pour permettre au transit intestinal** de s'effectuer dans de bonnes conditions, c'est pourquoi la paille, le foin ou l'herbe sont indispensables.

Un cheval ou un poney en convalescence ou au repos voit sa ration diminuée.

Les volumes distribués sont répartis dans la journée en fonction des périodes d'activité du cheval ou du poney.

* RUMINER : remâcher des aliments descendus dans l'estomac et ramenés à la bouche (exemple : la vache rumine).

** TRANSIT INTESTINAL : chemin parcouru par la nourriture dans les intestins.

Les différents aliments

Ils sont classés en deux grandes familles :

<u>Les fourrages</u>

- la paille : ce sont des tiges coupées et séchées issues des graminées*, essentiellement des céréales** pour les équidés, dont les grains ont été ôtés. La paille d'orge est à éviter car elle contient des barbules, piquants des épis, pouvant blesser la bouche ;

- le foin : ce sont les herbes coupées et séchées issues des prairies naturelles ou artificielles (luzerne, trèfle...). Le foin doit répandre une bonne odeur, présenter une couleur vert plus ou moins foncé, craquer au toucher et être dépourvu de toute poussière.

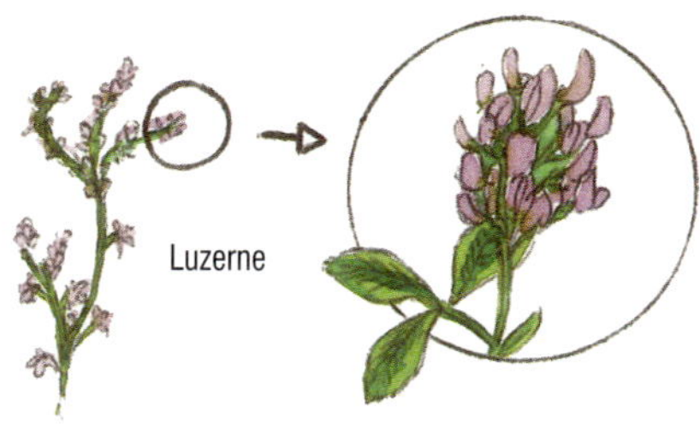

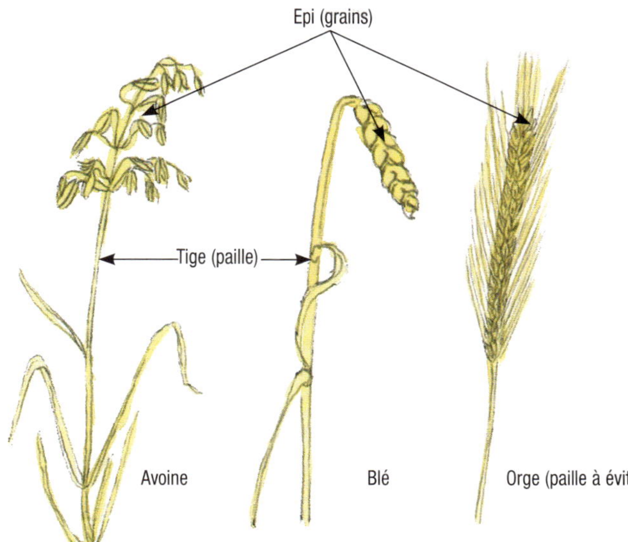

La valeur alimentaire de la paille ou du foin est faible, mais leur rôle est essentiel dans la digestion et la lutte contre l'ennui d'un cheval ou d'un poney enfermé dans son hébergement.

G 2

Les concentrés

Ils se présentent sous deux formes :

- les céréales : trois céréales sont utilisées pour l'alimentation des équidés.

L'avoine : noire, grise ou blanche, elle est considérée comme la base de l'alimentation. Elle est distribuée en grains entiers, germés, aplatis ou concassés.

L'orge : ses grains jaunes et durs sont distribués concassés, aplatis ou détrempés. Gonflés avec de l'eau chaude et mélangés à du son, ils constituent un « barbotage » très apprécié et adapté aux équidés convalescents.

Le maïs : ses gros grains jaunes sont idéaux en complément alimentaire. Ils sont distribués entiers, concassés ou détrempés. Ils favorisent la remise en état d'un cheval ou d'un poney un peu maigre, mais il faut en distribuer avec modération.

* Graminées : plantes à tiges creuses (chaumes) remplies de pulpe (maïs) ou ligneuses (bambou) portant des grains.

** Céréales : graminées dont les grains, parfois réduits en farine, servent à la nourriture de l'homme et des animaux domestiques (blé, avoine, orge, maïs, riz...).

G 2

Granulés

- les aliments complets

Ils sont élaborés industriellement à partir des produits naturels, et se présentent sous forme floconnée ou de granulés. Ils sont complémentarisés en sels minéraux, vitamines et oligoéléments.

Les étiquettes indiquent l'utilisation concernée (gestation, repos, intensité du travail...).

Les aliments de substitution et les friandises peuvent compléter partiellement la ration, voire remplacer totalement un repas (mash).

C'est le cas notamment lors des jours de repos du cheval ou du poney pendant lequel un mash, repas de substitution, est distribué le soir.

Les mélasses, résidus de sucreries, et les tourteaux, résidus d'huileries, font partie des ajouts partiels à la ration.

Fourrages, concentrés, aliments complets, aliments de substitution et friandises doivent toujours être de bonne qualité, exempts de moisissure et de poussière.

L'EAU

C'est un élément fondamental de l'alimentation.

Le cheval ou le poney boit de 20 à 40 litres d'eau par jour.

L'eau doit toujours être fraîche, claire, propre et ne doit répandre aucune odeur désagréable.

S'il n'y a pas d'abreuvoir à distribution automatique, vous devez veiller à ce que l'eau soit à disposition à volonté en réalimentant le récipient concerné régulièrement en journée (notamment lors de la distribution de chaque repas).

Si le cheval ou le poney dispose d'un abreuvoir automatique, ce contrôle s'avère inutile, mais vous devez veiller à maintenir l'appareil en parfait état de marche, et propre.

Quel que soit le mode d'abreuvement, il n'est pas rare d'y trouver de la paille, du foin, voire des crottins. Enlevez-les et rincez afin d'éviter toute affection bactérienne.

Distribuer

Les aliments

Pour distribuer les aliments, vous devez impérativement respecter les consignes données par le responsable.

La première erreur est de laisser la porte ouverte, d'où des fuites inopinées des chevaux ou poneys.

Les quantités sont affichées sur chaque porte du box, n'en donnez ni plus, ni moins.

S'il s'agit d'une stabulation ou d'une pâture, répartissez les aliments en autant d'endroits qu'il y a d'équidés.

Il est préférable de les attacher afin d'éviter qu'un dominant ne vienne voler la nourriture de son congénère plus bas dans la hiérarchie.

G 2

Les friandises

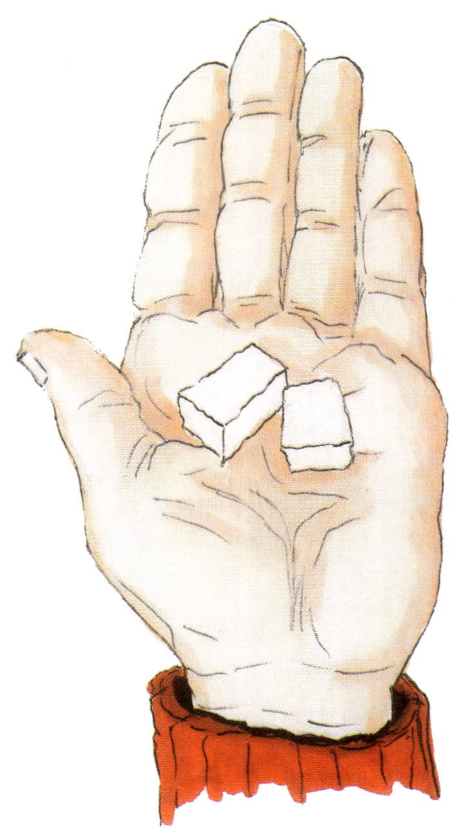

Présentez les friandises dans la paume de la main : vous évitez tout pincement inopportun de vos doigts...

Les friandises sont une récompense appréciée du cheval ou du poney, usez-en avec à-propos et modération.

La caresse ne fait pas grossir...

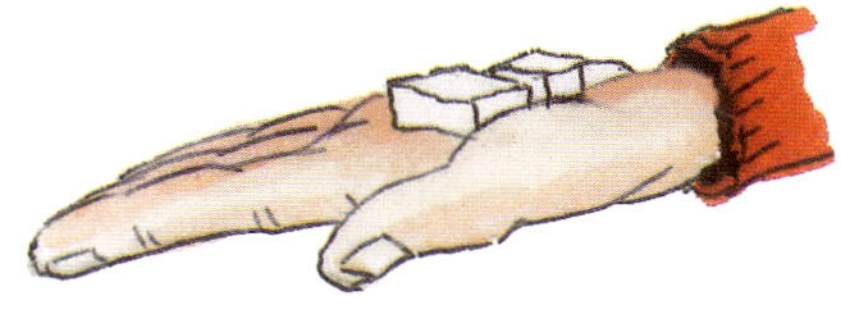

Les robes

La famille des robes « Autres »

Cette famile regroupe quatre robes unies et distinctes : le Blanc, le Gris, le Crème et le Chocolat.

BLANC : poils, crins et extrémités blancs, la peau est rose, les yeux sont foncés.

GRIS : poils, crins et extrémités blancs et colorés mélangés, peau noire, yeux foncés.

CREME : poils crèmes, crins blancs (Cremello) ou grisâtres (Perlino), peau rose et yeux clairs.

CHOCOLAT : poils, crins et extrémités chocolat noir. Peau et yeux foncés.

Les panachures (= les taches)

Chaque robe peut présenter des particularités. Les panachures sont des taches plus ou moins grandes qui apparaissent sur tout ou partie de la robe.

Les panachures de type tacheté

De couleur ou blanches, elles s'observent sur l'ensemble de la robe, ou sur une seule partie.

Les grandes taches

Blanches, elles apparaissent sur l'ensemble de la robe, ou sur une seule partie. La robe est alors dite « Pie ». Si le blanc est prédominant, on dénomme la robe par « Pie » avant la couleur. Si la couleur est prédominante sur les taches blanches, on la dénomme par sa couleur avant « Pie ».

Principales parties de la tête

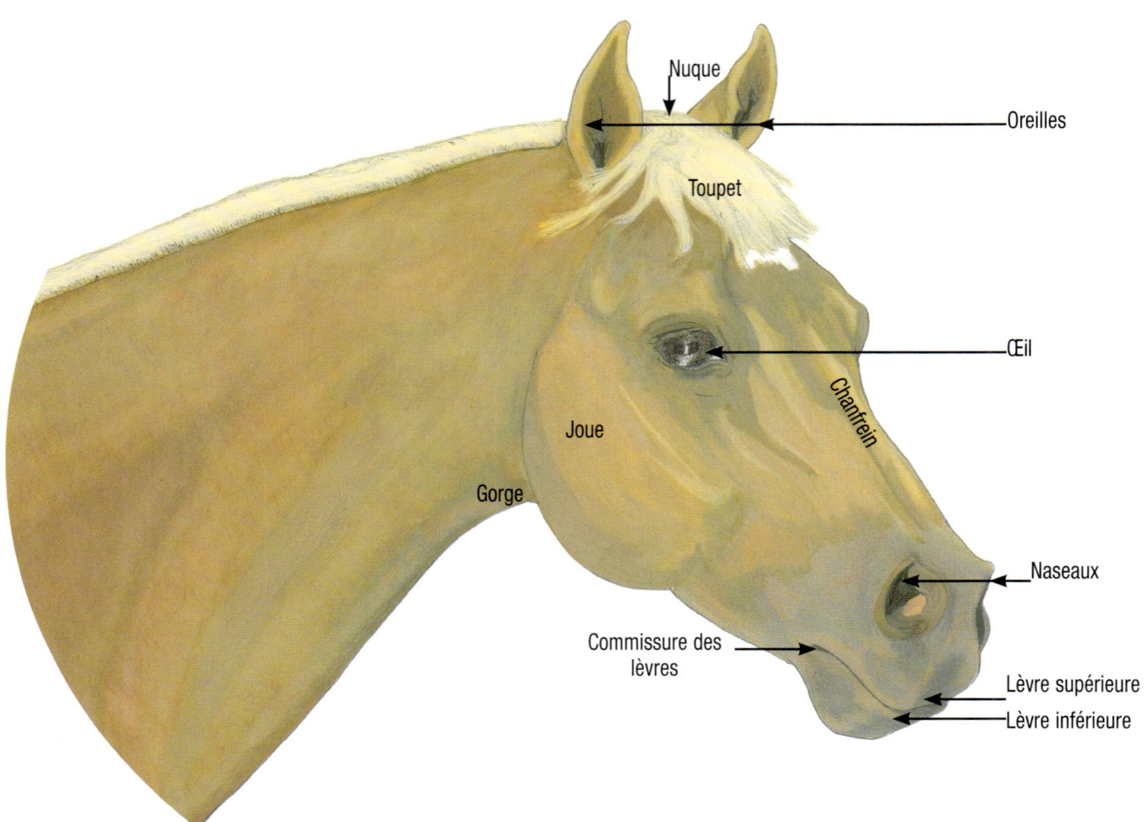

Principales parties du pied

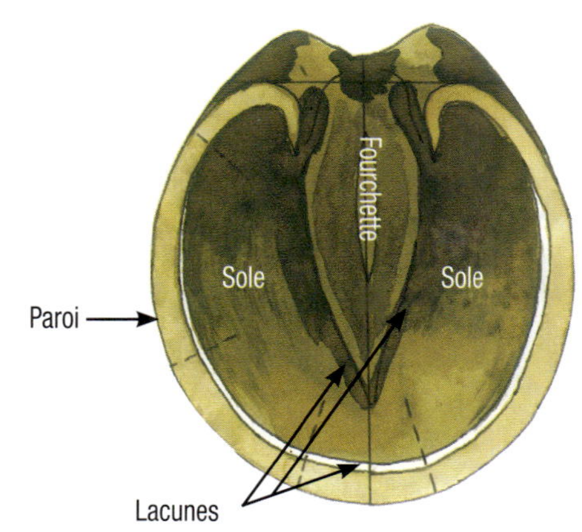

G 2

Principales parties des membres

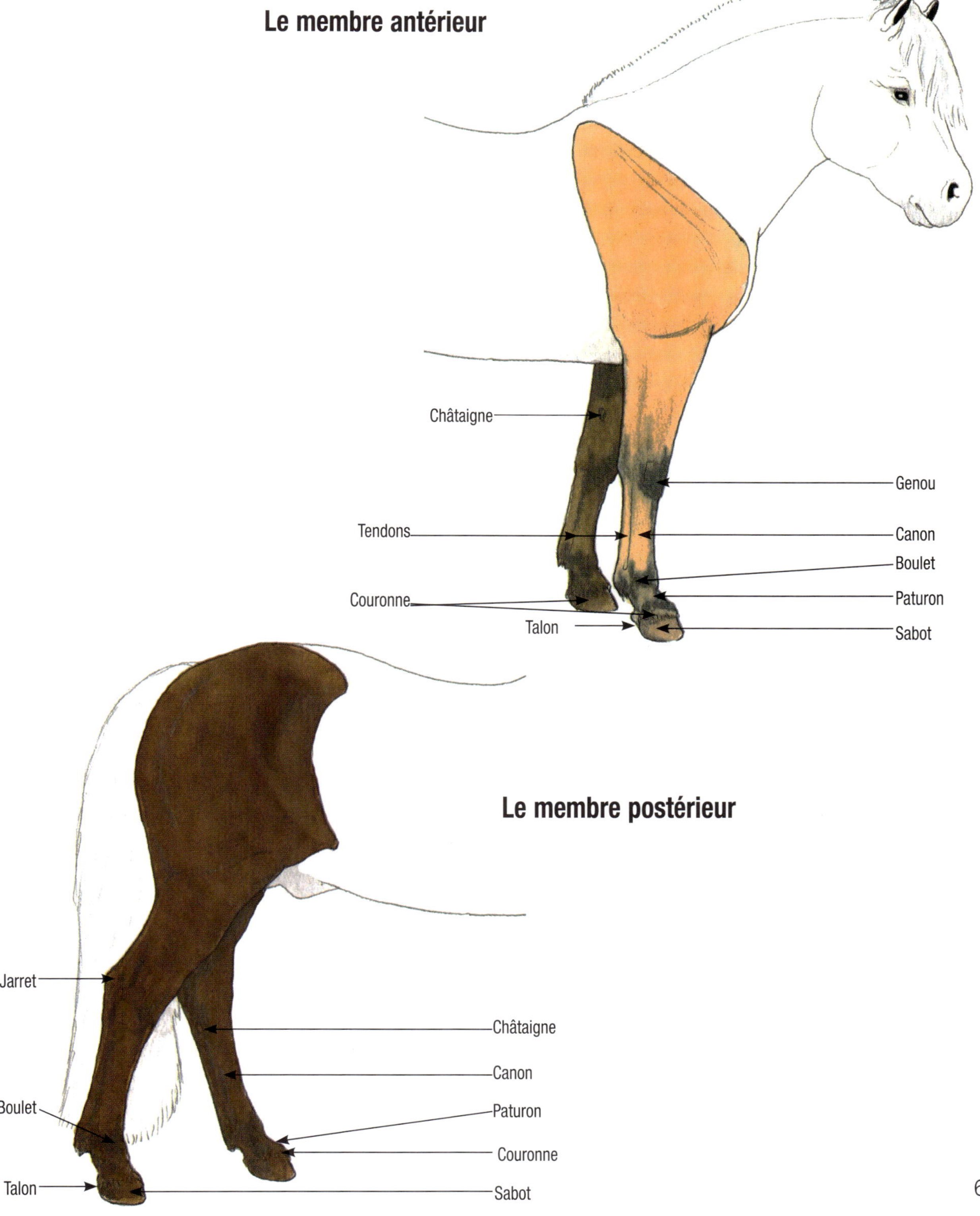

G 2

Les familles d'équidés

Rappel : Il existe, en France, deux grandes familles d'équidés répertoriées selon leurs tailles :

- la famille du cheval, dont la taille au garrot est supérieure à 1,48 m (Cheval de selle, de course, de trait) ;
- la famille du poney, dont la taille au garrot est inférieure à 1,48 m.

Attention, il se peut que l'appellation « poney » soit attribuée à un équidé mesurant plus d'1,48 m NON FERRÉ, 1,51 M FERRÉ au garrot : le poney de polo, petit cheval recherché pour sa vivacité, en est un exemple. De même, l'appellation « cheval » peut être donnée à un équidé de moins d'1,48 m au garrot : le cheval de Mérens.

Il existe quatre tailles de poneys :

- les poneys A, qui toisent moins d'1,08 m au garrot ;
- les poneys B, qui toisent plus d'1,08 m mais moins d'1,30 m au garrot ;
- les poneys C, qui toisent plus d'1,30 m mais moins d'1,40 m au garrot ;
- les poneys D, qui toisent plus d'1,40 m mais moins d'1,48 m au garrot.

Une tolérance de 1 cm est admise pour la ferrure.

Pour des raisons pratiques et pédagogiques, une cinquième catégorie de poneys a été validée : les poneys E. Il s'agit de grands poneys D ou de petits chevaux, qui toisent plus d'1,48 m au garrot.

G 2

Quelques races de chevaux et de poneys

Chevaux

Selle Français : cheval de selle et de sport,

Trotteur Français : cheval de course, trot attelé et trot monté

Pur-Sang Anglais Cheval de course ou de sport

Camargue : petit cheval de sang et de selle

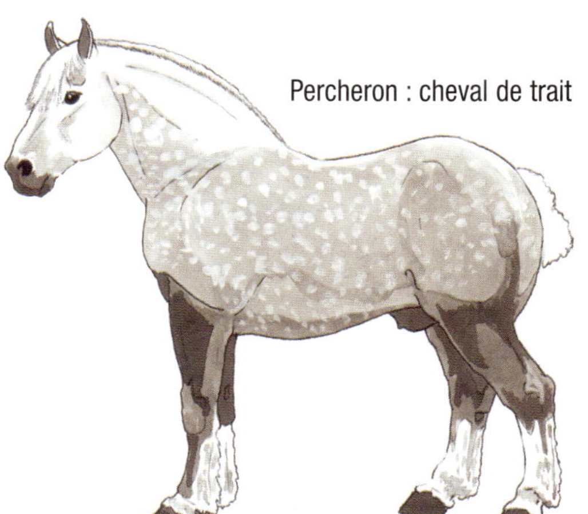

Percheron : cheval de trait

Poneys

Poney Landais : France

Poney Français de Selle : France

G 2

Fjord (Norvège)

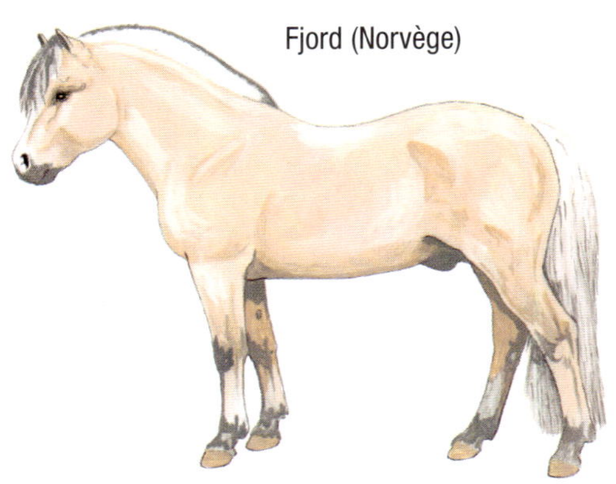

Haflinger (Autriche)

Welsh (Angleterre)

Shetland (Écosse)

Les différentes activités équestres

Cette présentation non exhaustive d'activités équestres permet à chacun, par leurs diversités et leur domaine d'intervention, de participer selon ses goûts et ses capacités.

Différentes activités fédérales sont présentes dans le centre équestre/poney-club en fonction de la situation géographique et des compétences des enseignants. Elles se pratiquent en cours hebdomadaire (ou pluri-hebdomadaire), stage, promenade, animation et/ou en compétition.

Les randonnées, longues promenades, imposent au moins un bivouac d'un repas ou d'une nuit pendant lesquels les montures se reposent... et vous aussi !

Animation

Sur le plat ou à l'obstacle, en intérieur ou à l'extérieur, en individuel ou à plusieurs, c'est l'occasion de pratiquer l'équitation de façon ludique lors de diverses manifestations festives ou sportives au sein de votre établissement équestre. En dehors des activités de compétitions citées ci-dessous, vous pouvez pratiquer, par exemple l'équitation en amazone (les deux jambes sont du côté gauche, la selle est à fourches)...

Compétition

Sur le plat ou à l'obstacle, en intérieur ou à l'extérieur, en individuel ou à plusieurs, vous participez à des rencontres sportives organisées selon les règlements officiels de la FFE. Les trois activités les plus fréquentes sont, par ordre alphabétique :

Concours Complet d'Equitation (CCE)

Il comporte trois épreuves successives effectuées avec la même monture : le dressage, le cross (saut d'obstacles fixes en terrain varié) et le saut d'obstacles (saut d'obstacles mobiles).

G 2

Concours de Saut d'Obstacles (CSO)

C'est un parcours de saut d'obstacles mobiles devant être franchis dans un ordre défini, et dont l'objectif est de réaliser un sans-faute dans un temps imparti.

Dressage

C'est l'enchaînement de plusieurs figures devant être exécutées dans un ordre précis, aux différentes allures, sur une surface la plus plane et homogène possible (sable ou gazon) dans un temps maximal imparti.

Autres activités de compétition très fréquentes :

Équifeel

Tests ludiques à pied pour mettre en valeur la complicité avec le cheval ou le poney.

Équifun

C'est un parcours chronométré de maniabilité qui regroupe une succession d'épreuves ludiques.

Équitation Western

Pony-games

C'est l'ensemble de jeux équestres pratiqués selon leurs règlements propres, en équipe ou en individuel.

TREC (Technique de Randonnée Equestre de Compétition)

C'est une compétition constituée de quatre épreuves : présentation, parcours d'orientation et de régularité, maîtrise des allures, parcours en terrain varié.

Mener en main

Lorsque vous menez en main votre cheval ou poney, vous choisissez l'allure et la direction. Vous devez tout contrôler et le mener que ce soit devant lui ou sur le côté vers l'épaule.

Marcher en main en alternant lignes droites et courbes au pas

Avancez régulièrement en restant juste en avant de son épaule gauche. Conservez une vingtaine de centimètres entre votre main droite (qui tient la longe ou les deux rênes) et sa bouche.
Maintenez un contact souple.

Pour tourner, amenez votre main droite vers la direction choisie en l'avançant légèrement, sans tirer.

Décrivez des courbes régulières.
Utilisez les appels de langues s'il y a ralentissement en cédant sur la longe ou les rênes, et dites « Holà » s'il accélère, en rafermissant votre contact et en résistant avec l'ensemble de votre corps.
Vos aides doivent, comme en selle, être discontinues.

Trotter en main

Marchez avec lui, puis, de la voix (« Trotte ! »), demandez le départ au trot en avançant la main droite.

Le trot doit être franc, énergique ; le cheval ou le poney ne doit pas dépasser celui qui le mène en main, le bousculer ou s'en rapprocher. La longe ou les rênes sont tenues à environ 40 à 50 cm de la bouche.
Vous constatez que son encolure est détendue.

Le cheval ou le poney ralentit lorsque le cavalier ralentit. Si cela ne suffit pas, tendez la longe ou les rênes en reculant la main droite, puis relâchez.

Ne tenez jamais directement le licol ou le filet (ni le mousqueton ou l'anneau du mors). N'enroulez pas la longe ou les rênes autour de votre poignet.

Faire reculer

La maîtrise de cet exercice permet au cavalier de sortir d'une situation complexe.

Le cavalier peut appuyer sur le poitrail pour demander au cheval ou poney de reculer de quelques pas.

En vous mettant face au cheval, mais légèrement décalé à côté de son épaule gauche, vous avancez lentement et calmement quelques pas puis demandez un arrêt avant de reculer vous-même pour le faire revenir vers vous.

Dès que le mouvement s'amorce, avancez en phase avec lui. Faites-le reculer de quelques pas, dans le calme, cessez de le solliciter, arrêtez-le et récompensez.

Alternez avec des remises en marche au pas, et redemandez quelques foulées de reculer.

Lorsque le contact se fait plus léger, votre cheval ou poney a appris car compris l'exercice.

Exemple : vous sellez votre monture, mais elle est trop proche d'un mur pour que vous puissiez passer sous son encolure. Appuyez sur son poitrail pour la faire reculer d'un ou deux pas, ou procédez comme expliqué ci-dessus.

Déplacer la tête du cheval

La tête du cheval doit pouvoir être bougée dans tous les sens.

Mobilisation de la tête

VERS LE HAUT

Placé à hauteur du premier tiers de son encolure, vous utilisez vos deux mains juste en arrière de son menton et exercez une pression vers le haut pour lui faire lever la tête. Dès qu'il le fait (même très peu), cessez la demande et récompensez. Vous augmenterez l'amplitude de ce mouvement en fonction de son obéissance.

VERS LE BAS

Positionné de la même façon, vous exercer une tension de la longe vers le bas. Dès qu'il abaisse la tête, cédez. Là encore, soyez très progressif, accordez des temps de repos, et récompensez. Vous pouvez vous aider en exerçant une légère pression de votre main droite sur sa nuque, la main gauche exerçant la pression sur la longe.

Le cheval ou le poney broute, vous pouvez donc lui faire baisser la tête jusqu'au sol.

À DROITE OU À GAUCHE

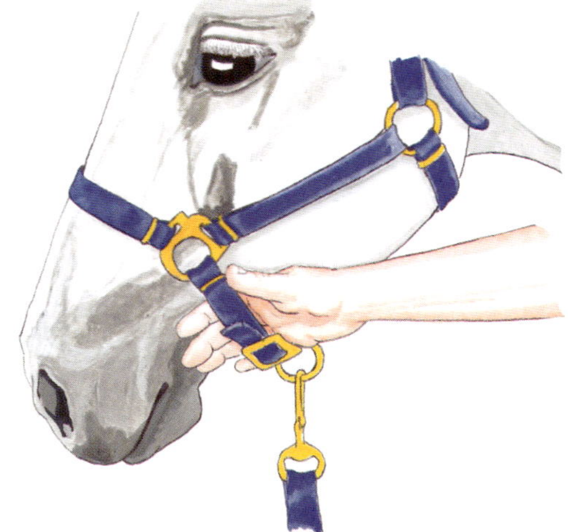

Placé à hauteur de son épaule, vous amenez son bout du nez vers vous d'une simple pression sur le chanfrein, du licol ou de la longe. Demandez peu puis augmentez progressivement, sans oublier de le laisser reprendre une attitude neutre en le récompensant régulièrement.

Vous faites l'exercice des deux côtés.

L'amplitude du mouvement peut être très grande, avec un cheval ou poney dressé, car, pour se gratter les flancs, il amène sans aucune difficulté, tout seul, sa bouche contre son corps.

Mobiliser la tête à gauche et à droite

G 2

Déplacer ses épaules et ses hanches

G 2

La mobilisation des épaules

Cet exercice se pratique d'abord en licol, et à partir d'un arrêt.

Il faut déplacer les épaules latéralement : placez-vous au niveau de l'épaule et, à l'aide de votre main droite, poussez sur l'épaule jusqu'à avoir le mouvement sur le coté. Si le cheval avance : le retenir à l'aide d'une pression sur la longe tenue dans la main gauche. Relâchez et caressez dès que le mouvement est réalisé. N'oubliez pas d'utiliser la voix, cette aide est précieuse.

Récompensez dès l'obtention du déplacement.

La mobilisation des hanches

Il s'agit d'obtenir que le cheval ou le poney déporte ses hanches sur le côté, sans avancer. Vous demandez cet exercice à l'attache puis en main en licol avant de le demander en liberté.

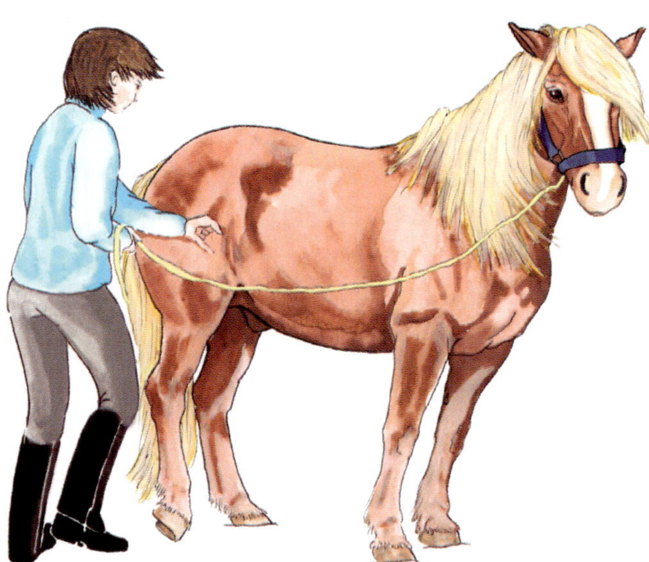

Placez-vous près du ventre, et caressez-le vers les hanches. Appuyez légèrement puis de plus en plus fermement jusqu'à ce qu'il décale ses hanches.

Récompensez et faites la même chose de l'autre côté.

Au box, si ses hanches sont collées au mur et que vous ne pouvez pas accéder à son arrière-main, dites lui « Tourne » et exercez la pression.

Mieux vous le prévenez de la voix, moins forte sera la pression à exercer.

Seller

Les différentes selles

La selle doit être adaptée à la taille du cheval et du poney, et à l'utilisation que l'on souhaite en faire.

Certaines selles sont polyvalentes, d'autres sont très spécialisées. Elles sont le plus souvent en cuir, mais il en existe de plus en plus fabriquées à partir de matériaux composites qui allient solidité et légèreté.

Utilisez les selles de club : elles sont propres à chaque animal.

Les tapis de selle ne doivent pas être échangés entre les chevaux ou les poneys afin d'éviter toute propagation de maladie de peau.

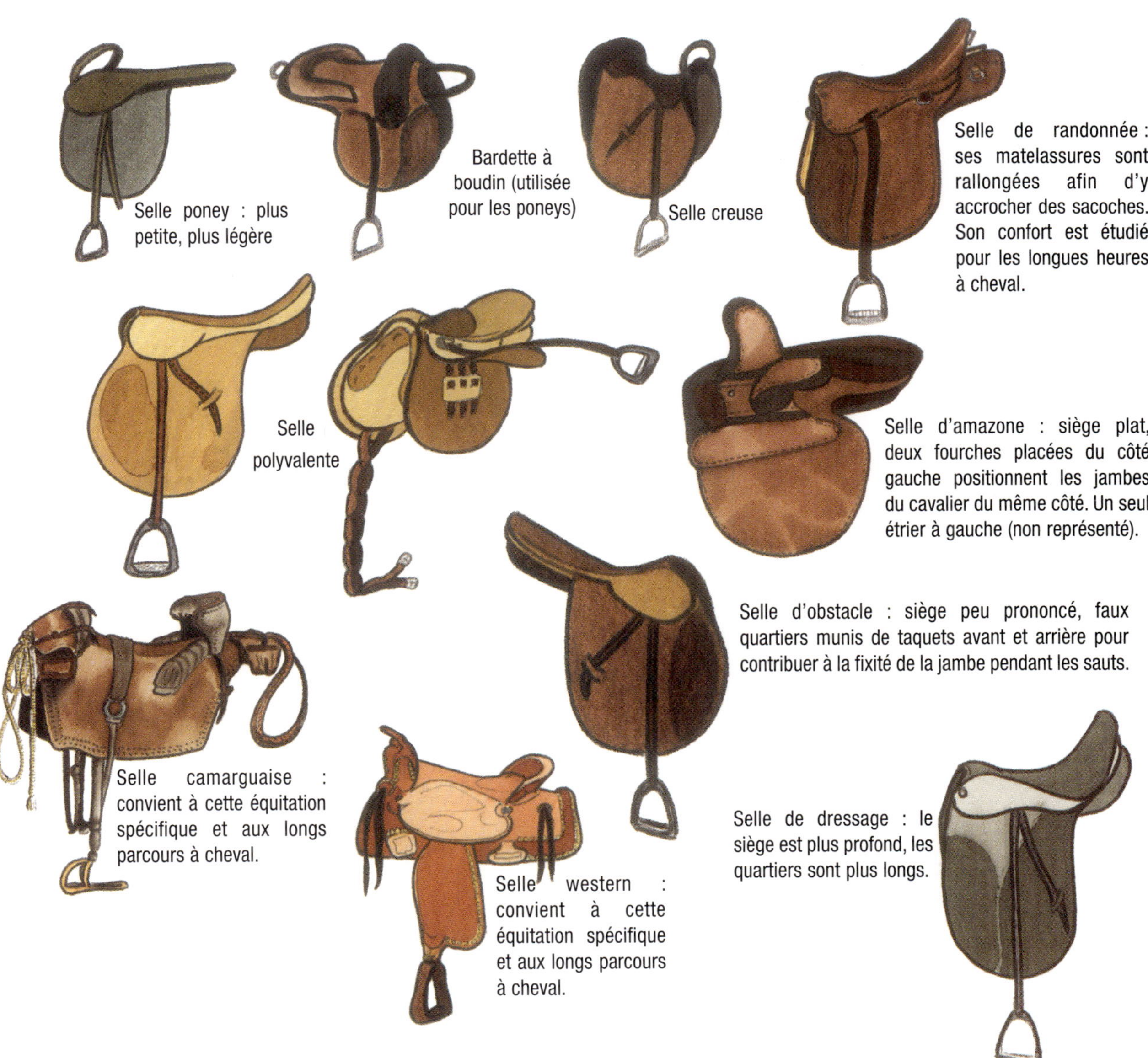

G 2

Nomenclature

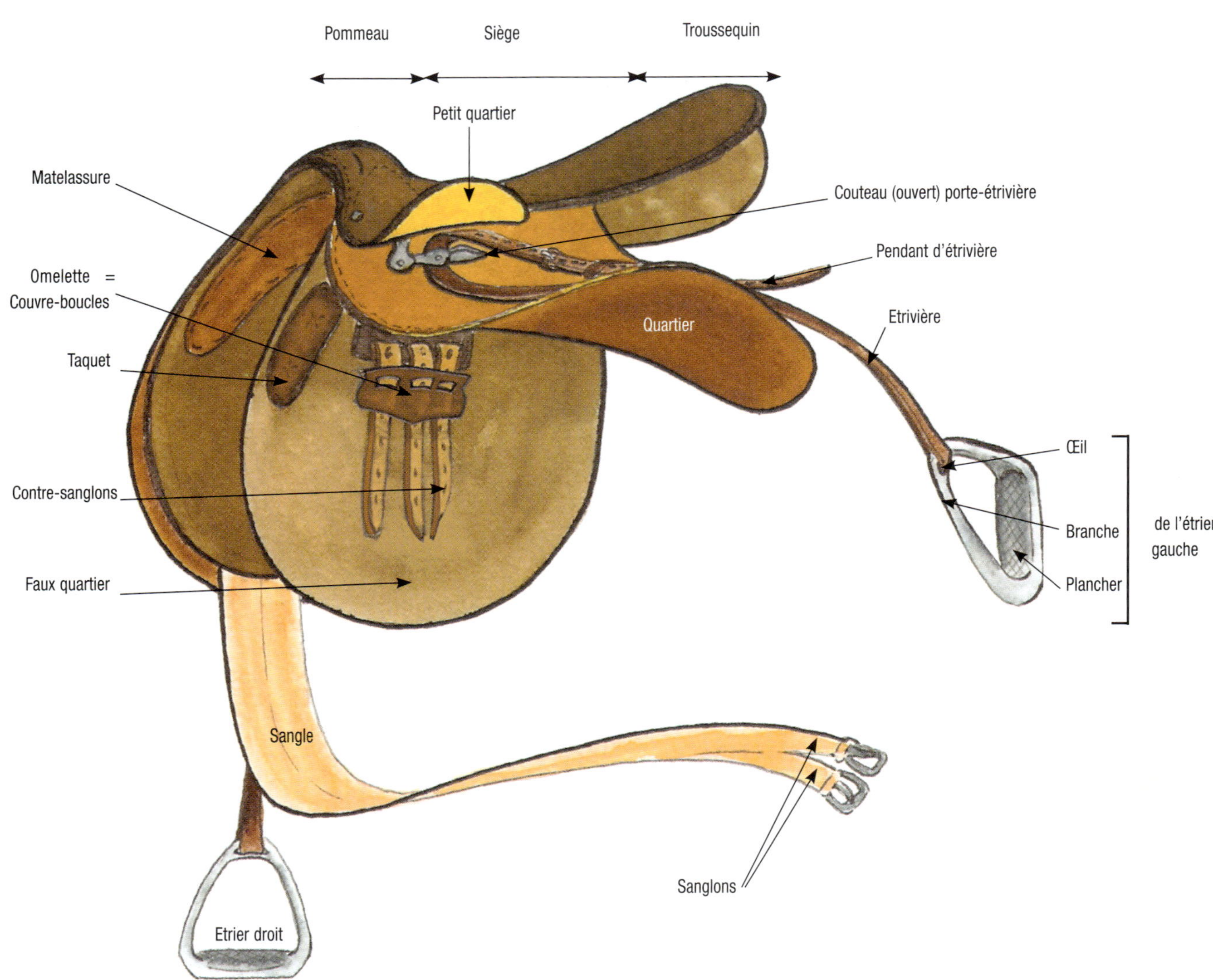

Poser le tapis de selle

Il protège le dos du frottement de la selle, absorbe la sueur, et est plus ou moins grand ou épais. Vérifiez qu'il est propre et sec.

Posez-le sur l'encolure et faites-le glisser vers l'arrière jusqu'à ce que le bord avant recouvre entièrement le garrot.

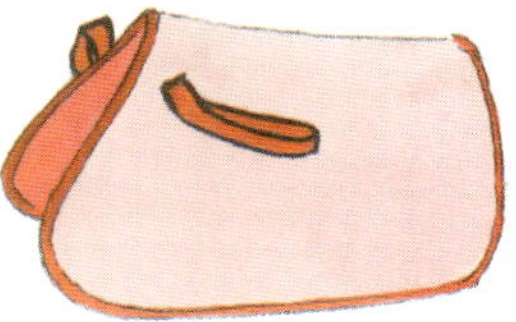

Mettez le filet en premier si votre cheval ou poney est libre de ses mouvements, sellez-le d'abord s'il est attaché.

G 2

Poser la selle

Après avoir remonté les deux étriers et posé la sangle sur son siège, posez la selle, pommeau en correspondance avec le garrot.

Faites reculer l'ensemble tapis + selle légèrement. Si vous devez positionner un padd ou un amortisseur de dos, veillez à faire reculer l'ensemble sans les dissocier.

L'amortisseur de dos se place entre le tapis de selle et la selle. Insérez les sanglons dans les lanières du tapis : l'ensemble tapis-selle est ainsi un bloc solidaire.

Passez sous l'encolure (rappel du changement de côté en sécurité) pour contrôler la position des faux quartiers de la selle puis faites descendre la sangle doucement, en la retenant dans la main pour que celle-ci ne heurte pas les antérieurs.

G 2

De la même façon, revenez à gauche (toujours en passant sous l'encolure), vérifiez que selle et tapis sont correctement dégarrottés (une main à plat doit aisément passer entre le tapis et le poil). Le garrot ne doit en aucun cas être compressé par le tapis ou la selle sous peine de générer une blessure.

Sanglez suffisamment pour que la selle reste en place, mais sans excès, car votre monture pourrait, en réaction, se gonfler.

Il vous faut ressangler à plusieurs reprises avant de mettre le pied à l'étrier.

Une fois en selle, vous devez, une dernière fois, ressangler votre monture.

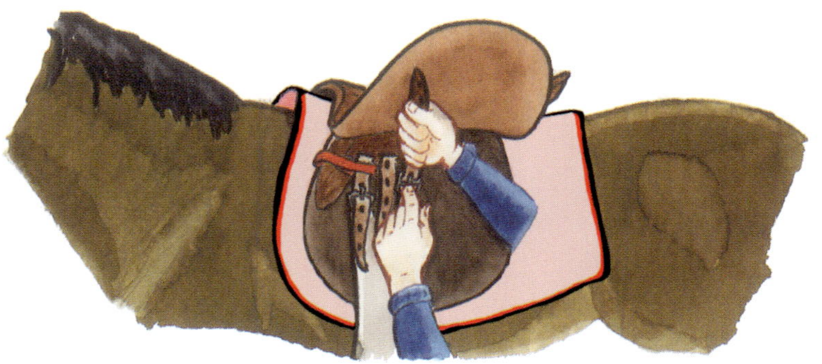

Mettre le filet

Le filet est un harnachement simple équipé d'un mors et de deux rênes. Il permet au cavalier de contrôler la vitesse et la direction de sa monture. On l'appelle aussi « bridon ». Il peut être complété d'une muserolle. De même que la selle, chaque cheval ou poney dispose d'un filet qui lui est réservé.

Avant de mettre le filet, bouclez le licol en collier de chien.

Nomenclature

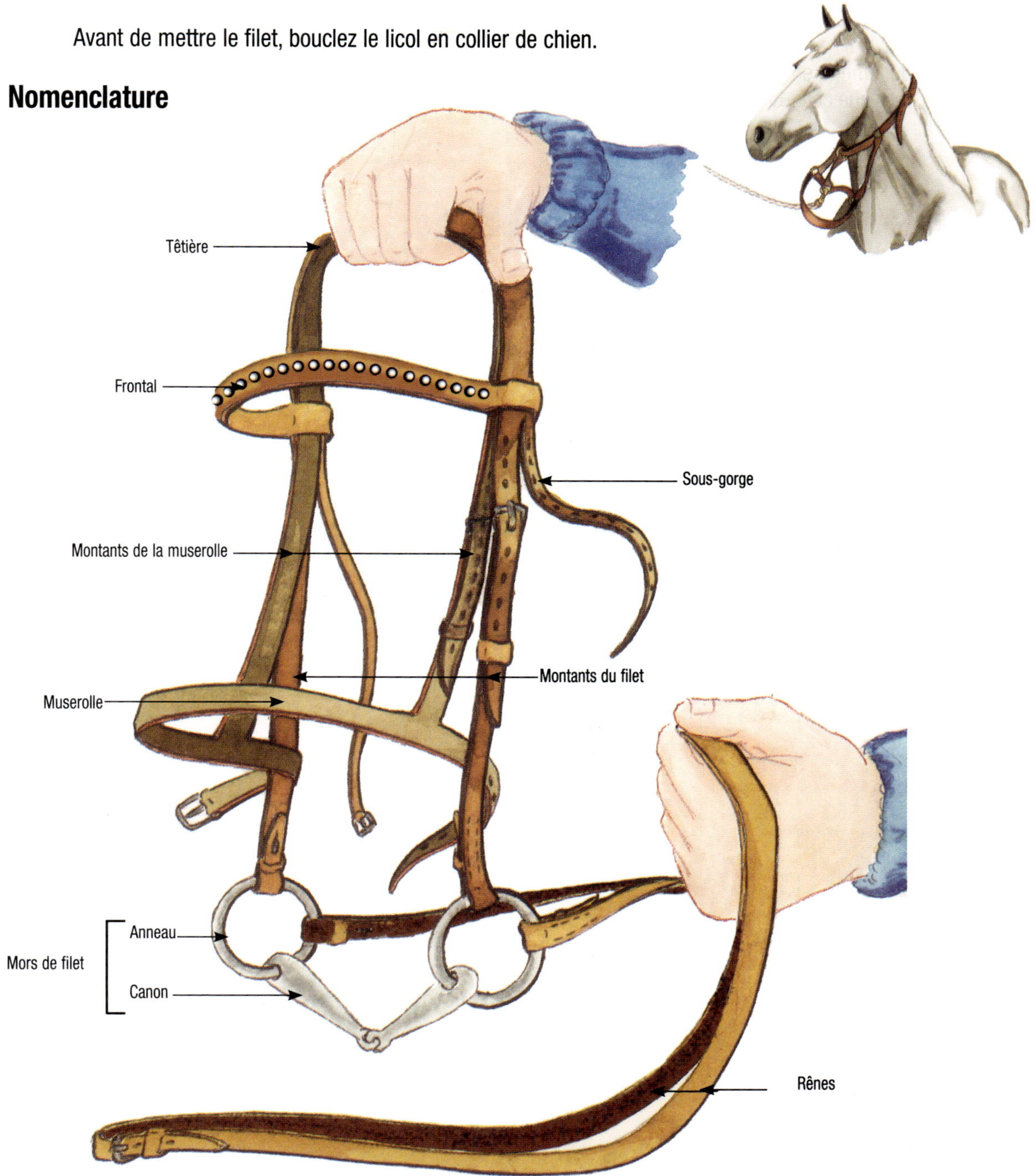

G 2

Placez-vous à gauche, et faites passer les rênes, que vous tenez à la couture, par-dessus les oreilles en les faisant glisser jusqu'au garrot.

Placez le mors dans la paume de la main gauche et laissez-lui le temps d'ouvrir la bouche pour éviter de lui cogner le mors sur les dents.

Tenant les montants dans la main droite que vous posez sur le chanfrein, faites-le entrer dans la bouche que le cheval ou le poney a ouverte dès que vous avez glissé le pouce dans la commissure de ses lèvres en appuyant légèrement sur les barres.

Il n'y a pas de dent à cet endroit de la bouche : vous ne pouvez pas être mordu par inadvertance (voir la bouche, page 57).

Faites-lui prendre le mors en remontant la main droite le long du chanfrein.

Enfilez délicatement les oreilles l'une après l'autre entre la têtière et le frontal, l'oreille gauche en la couchant vers l'avant puis la droite de la même manière. Le filet est positionné. Dégagez le toupet du frontal en le faisant passer par-dessus.

Vérifiez, en vous plaçant face à votre monture que le frontal et la muserolle sont droits.

Bouclez la sous-gorge puis la muserolle (s'il y en a une) à plat, sans serrer. Vérifiez que tous les passants sont bien mis.

Le filet étant adapté, vous n'avez, normalement, pas à l'ajuster.

Vérifiez que le mors est propre avant de mettre le filet. Votre monture apprécie peu de mastiquer les aliments ou la salive de la veille...

Placez-vous en face de lui pour vérifier que le filet est d'aplomb en le rééquilibrant si nécessaire.

Vérifiez la position du mors : 1 ou 2 plis à la commissure des lèvres, ni plus, ni moins.

Se mettre en selle

Il faut impérativement contrôler le sanglage pour que la selle ne tourne pas lorsque vous prenez appui dans l'étrier, ni qu'elle ne comprime le garrot en bougeant.

Avec un aide

Pour monter à cheval ou à poney, plusieurs méthodes sont possibles :

- avec avantage, c'est-à-dire à l'aide d'un montoir constitué d'une pierre ou de toute autre surélévation stable ;
- avec un aide. Vous fléchissez le genou gauche pour que l'aide vous soutienne au niveau de la jambe (tibia) et vous propulse vers le haut ;
- avec l'étrier gauche.

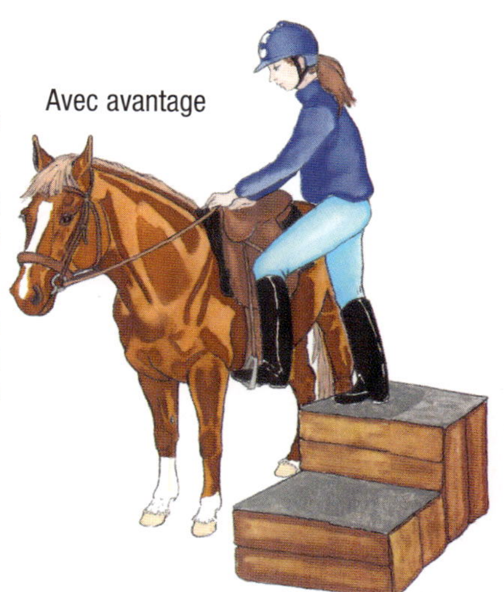

Avec avantage

G 2

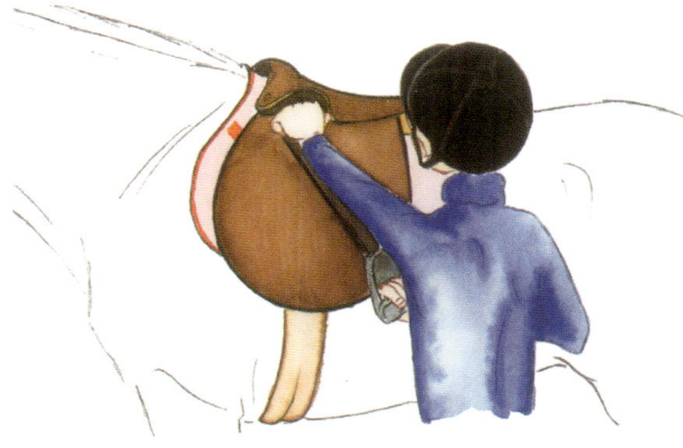

Réglez la longueur de l'étrivière en l'ajustant approximativement à celle de votre bras tendu, poing fermé. La semelle de l'étrier doit se loger dans le creux de l'aisselle, le poing étant sur le couteau porte-étrivière.

Avant de monter, passez par devant votre monture pour faire la même opération avec l'étrier droit. Vérifiez que les deux étriers sont à la même hauteur, en vous plaçant en face d'elle.

Pour monter en selle, placez-vous de profil, votre épaule gauche contre celle de votre monture, donc le regard en direction de la queue.

Ajustez vos deux rênes à plat dans la main gauche en avant du garrot.

Prenez la branche arrière de l'étrier gauche avec la main droite et glissez le pied gauche à fond dans l'étrier en baissant la pointe du pied.

Rapprochez-vous du cheval, genou plié que vous appuyez contre la selle, et appuyez la main droite sur la selle.

Sautillez sur le pied droit puis prenez une impulsion énergique verticalement en appuyant simultanément sur l'étrier gauche et en tirant sur vos deux bras.

Veillez à ne pas enfoncer votre pointe du pied gauche dans son ventre, votre cheval ou poney pourrait comprendre qu'il doit avancer.

Vous êtes alors debout en équilibre sur la jambe gauche.

Inclinez légèrement le buste vers l'avant et l'encolure pour faire passer votre jambe droite par-dessus la croupe sans la toucher ni accrocher le troussequin que vous avez lâché pour poser la main droite sur le siège.

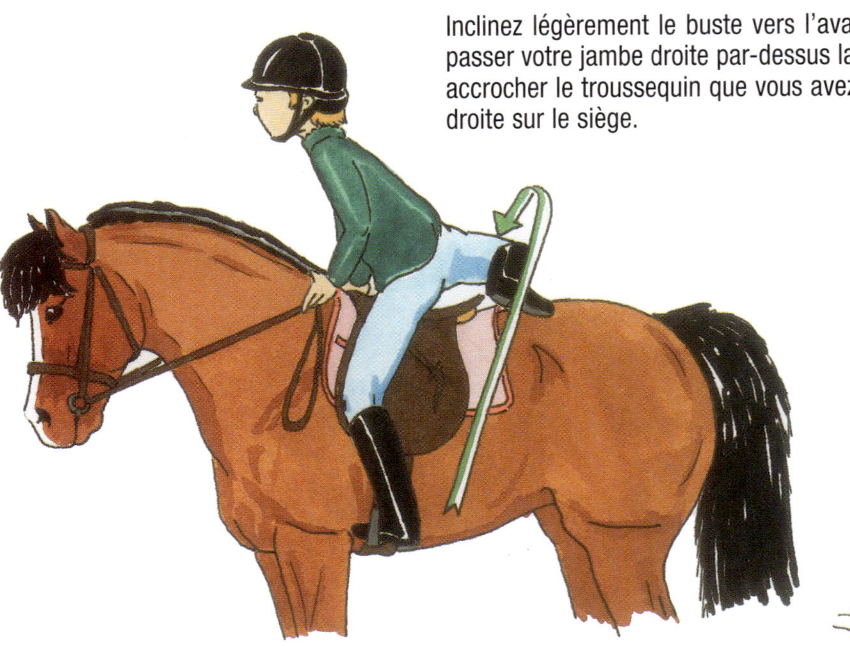

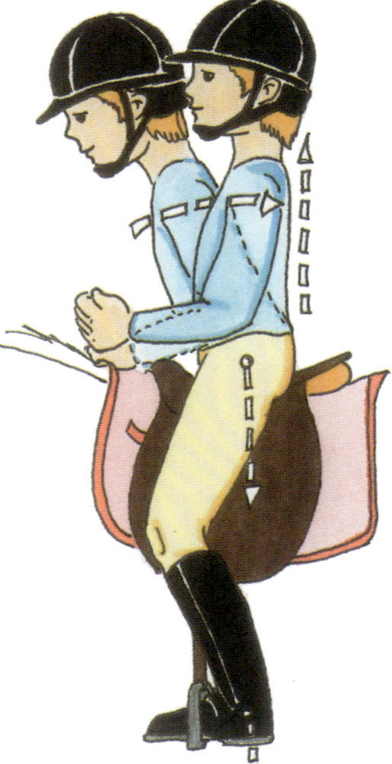

Asseyez-vous avec légèreté sur le siège, redressez-vous, chaussez correctement l'étrier droit et ajustez vos rênes, une dans chaque main.

Monter en selle paraît complexe au début, mais, en coordonnant vos actions, ce deviendra rapidement une formalité.

Ressangler en selle

Un cavalier doit pouvoir revérifier le sanglage en étant à cheval ; même si la méthode est commune, elle demande une certaine habitude.

La technique est simple

Pour ressangler en selle, les premières fois, faites tenir votre monture par un aide.

Avancez votre jambe gauche sur l'épaule, en avant du quartier de la selle sans déchausser l'étrier, et soulevez celui-ci pour avoir accès aux sanglons et aux contre-sanglons.

Faites remonter les sanglons le long des contre-sanglons, en plusieurs fois afin de ne pas compresser brutalement le thorax de votre monture.

Après avoir effectué quelques pas (environ un tour complet de l'aire d'évolution), vérifiez à nouveau votre sanglage et réajustez si nécessaire : nos amis chevaux et poneys ont appris à se gonfler pour échapper au sanglage brutal !

Garder une bonne posture assise au trot et au galop

La posture en équilibre assis

C'est la posture de base du cavalier à cheval.

Bien assis d'aplomb, le poids du corps est réparti sur les deux fesses, le haut du corps tonique, souple et droit, les jambes tombant naturellement, la pointe de pied naturellement vers le bas lorsque vous êtes sans étrier, le talon plus bas que la pointe du pied lorsque l'étrier est chaussé.

Cette attitude vous permet d'amortir, de suivre et d'accompagner les mouvements de votre monture.

Trot assis

Le trot étant une allure sautée à deux temps égaux, il s'agit de vous maintenir dans la posture assise en accompagnant cette allure. Tous les chevaux et poneys ne sont pas identiques dans leur façon de trotter : certains ont un trot « sec », d'autres un trot « souple ». Le confort n'est donc pas le même pour accompagner l'allure au trot assis.

Toutefois, veillez à rester stable dans votre posture, sans vous contracter (pas de serrement des jambes, notamment des genoux), ni vous pencher en avant ou en arrière.

Laisser votre bassin fonctionner librement pour adhérer au mieux aux oscillations verticales de l'allure.

Pour vous exercer, à partir du trot enlevé, restez assis plusieurs temps successifs dans la selle, en engageant le bassin vers le pommeau, et en reculant très légèrement les épaules, sans vous cambrer.

Dès que vous vous raidissez, reprenez le trot enlevé.

Recommencez en augmentant le nombre de foulées en posture assise.

Trottez lentement, au début.

Galop assis

Le galop étant une allure basculée à trois temps plus un temps de projection, votre fonctionnement est plus ample.

Accompagnez le mouvement avec votre bassin d'arrière en avant et de droite à gauche (si vous êtes au galop à gauche, comme l'illustration ci-contre).

Cette allure est plus facile à accompagner que le trot, car moins « saccadée », plus « balancée », mais la vitesse, plus élevée peut vous amener à vous raidir.

Dès que c'est le cas, demandez un ralentissement, repassez quelques foulées au trot enlevé puis au pas, décontractez-vous et respirez sereinement.

Vous êtes prêt pour galoper assis à nouveau.

Temps de projection au galop à gauche

Alterner les postures

Les équilibres du cavalier

Généralement :
- l'équilibre assis est souvent utilisé pour des exercices sur des sufaces planes,
- l'équilibre sur les étriers pour le saut d'obstacles (mobiles ou fixes) ou en terrain varié.

La longueur des étriers est donc adaptée à la posture que vous devez prendre :
- étrivières plutôt longues (semelle de l'étrier un peu en dessous de la malléole*), pour la posture assise : le cavalier, assis, accompagne le mouvement de l'allure avec son bassin, jambes relâchées, haut du corps redressé,
- étrivières raccourcies (semelle de l'étrière au-dessus de la malléole*), pour la posture d'équilibre sur les étriers en saut d'obstacles mobiles : le cavalier, en appui sur les étriers, garde les jambes fléchies pour amortir les mouvements, et incline légèrement le buste vers l'avant,
- étrivières un peu plus courtes (semelle 5 cm au-dessus de la malléole*), pour la posture d'équilibre sur les étriers, pour le terrain varié et le saut d'obstacles fixes.

Particularité : le trot enlevé se pratique quelle que soit la longueur des étrivières.

G 2

Alterner les postures d'équilibre

Un collier est positionné à la base de l'encolure, les premières fois, afin d'éviter de donner involontairement des coups dans la bouche du cheval ou du poney.

Alterner les postures

Dans chaque allure, et quelle que soit la longueur de vos étrivières, vous devez être capable de changer d'attitude tout en conservant l'allure et en dirigeant votre monture sans vous raccrocher aux rênes.
Prenez une poignée de crin (ou le collier) dans une main pour vous aider les premières fois.
Stabilisez votre nouvelle posture sur quelques foulées avant d'en changer.
Le critère de réussite est identique à celui du trot enlevé : vos étrivières doivent toujours rester verticales lors de chaque changement de posture et lors de son maintien.

Progressivement, vous gagnez en souplesse, ce qui permet à vos aides d'être plus précises, donc plus efficaces.

* Malléole : bosse dure que vous sentez de chaque côté de votre cheville, et qui correspond à la partie inférieure du péroné (malléole extérieure) et du tibia (malléole intérieure).

Lâcher les rênes, les reprendre et les ajuster au trot enlevé

Au trot enlevé le buste du cavalier s'élève et redescend légèrement, alors que ses mains restent fixes par rapport à la bouche du cheval ou du poney, pour ne pas donner d'à-coup à chaque foulée.

G 2

C'est un exercice d'adresse et d'entraînement à la manipulation des rênes qui améliore votre équilibre.

Pour rallonger les rênes, desserrez progressivement les doigts, sans les lâcher d'un seul coup.

Pour les raccourcir et les ajuster progressivement, remontez vos mains de façon symétrique sur les rênes en étant attentif à ne pas créer d'à-coup sur la bouche de votre monture.

Départ au galop - Galoper

Pour maintenir l'équilibre de votre monture, lorsque vous êtes piste à main droite, vous devez galoper sur le pied droit, et inversement, lorsque vous êtes piste à main gauche, vous devez galoper sur le pied gauche.

Le contrôle du pied sur lequel vous galopez vous permet, en pleine nature, de ne pas fatiguer de façon inégale votre monture en changeant régulièrement de pied de galop.

Il se prépare en contrôlant la vitesse de l'allure à partir de laquelle vous demandez votre départ. À partir du trot ou du pas, reculez légèrement la jambe extérieure et déclenchez le galop par une pression des deux jambes, en gardant votre monture droite.

Ne vous penchez pas en avant, et agissez nettement avec vos jambes pour demander le changement d'allure.

Pour vérifier si votre monture est sur le bon pied, baissez les yeux sans vous pencher, et observez que l'épaule intérieure avance le plus.

Si l'épaule gauche s'avance plus que la droite, vous galopez sur le pied gauche.

Si c'est l'épaule droite qui s'avance plus, vous êtes sur le pied droit.

Pour augmenter les chances de réussite, demandez le départ en entrant dans un coin du manège ou de la carrière, ou faites un cercle au pas ou au trot et demandez le départ au galop lorsque vous rejoignez la piste.

Maintenir le galop

Lorsque votre monture galope sur le pied gauche, vous sentez votre bassin qui accompagne l'allure, basculer d'arrière en avant et de la droite vers la gauche. Maintenez le galop avec vos fesses et vos jambes, et accompagnez le mouvement de l'encolure avec vos mains.

Quel que soit votre équilibre (assis ou sur les étriers) :

Si votre monture accélère, résistez en fermant les doigts sur les rênes et diminuez (voire cessez) l'accompagnement de l'allure avec votre bassin en redressant légèrement le buste.

Si elle ralentit, cédez dans vos doigts, augmentez votre assiette impulsive en fermant vos jambes.

Avancer - L'impulsion

L'impulsion est l'énergie du cheval, naturelle ou acquise par le travail, qui génère le mouvement. C'est une disposition de la volonté du cheval de se porter en avant.

Gérer l'impulsion

L'impulsion naturelle diffère selon les chevaux ou les poneys. La race, les origines génétiques, le tempérament influent sur l'expression de l'impulsion.

Plus l'impulsion naturelle est exprimée, plus on dit le cheval ou le poney « près du sang ». Inversement, plus il se montre calme, plus on le dit peu ou pas dans le sang.

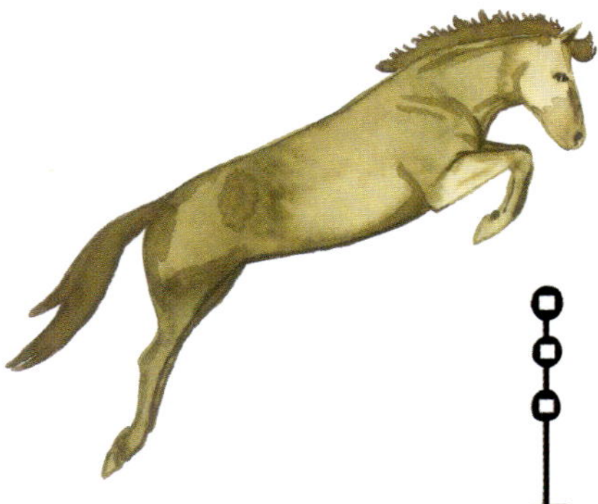

Le dressage a permis aux chevaux et poneys d'associer l'augmentation, le maintien ou la baisse de son impulsion aux différentes actions des aides du cavalier.

Il vous revient donc, en usant de vos aides avec à-propos et justesse, de la créer, l'entretenir ou la contenir.

Les aides

Il existe deux familles d'aides :

- les aides naturelles ;

- les aides artificielles.

LES AIDES NATURELLES

Ce sont tous les moyens naturels dont dispose le cavalier :

- **l'assiette** par l'intermédiaire de laquelle s'exerce l'action du corps du cavalier ;
- **les jambes**, qui agissent ensemble ou séparément ;
- **les mains** qui dirigent et contrôlent la vitesse ;
- **la voix et les caresses** qui confirment les demandes et récompensent.

Actions de l'assiette

dans l'axe longitudinal de la colonne vertébrale du cheval ou du poney :

- le bassin du cavalier accompagne l'allure : assiette neutre
- le bassin agit d'arrière en avant : assiette impulsive
- le bassin cesse l'accompagnement de l'allure : action ralentissante

le cavalier s'oriente d'un côté :

- action de demande de changement de direction.

G 2

Les aides artificielles

Ce sont tous les matériels qui renforcent ou précisent l'action des aides naturelles du cavalier, si nécessaire :

- **la cravache**, utilisée en arrière de la jambe, pour confirmer la demande d'avancer, si l'action des jambes n'a pas été suivie d'effet ;
- l'éperon, à un niveau supérieur, pour préciser la demande des jambes.

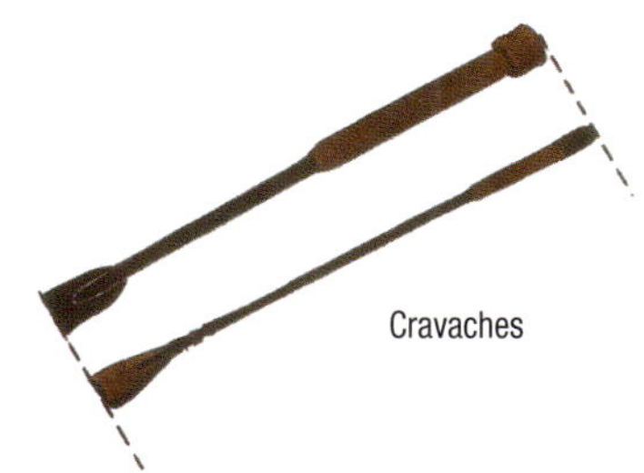
Cravaches

G 2

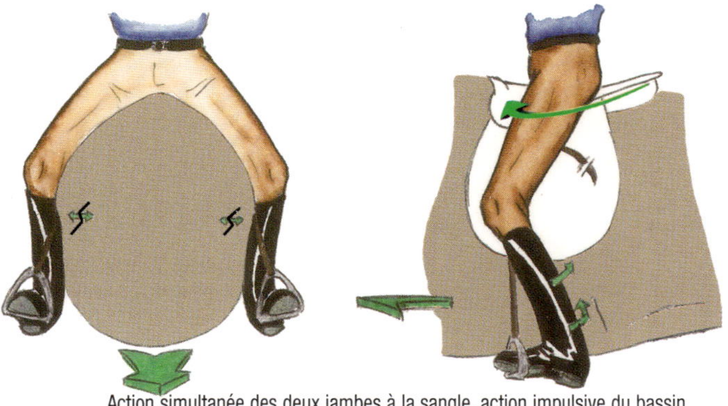
Action simultanée des deux jambes à la sangle, action impulsive du bassin

Le mouvement en avant doit être franc.

Pour créer ou entretenir l'impulsion, le cavalier agit avec ses jambes et son poids du corps, et cède avec ses mains :

- il accompagne en rythme l'allure avec son bassin, ou amplifie l'accompagnement ;
- il agit avec les deux jambes par des pressions simultanées des mollets à la sangle ;

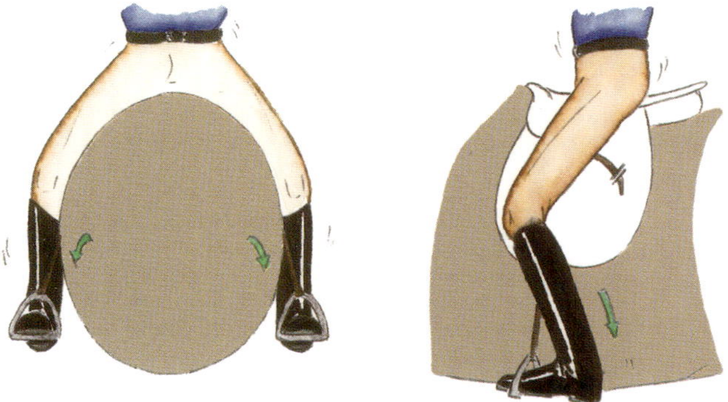
Contact naturel des deux jambes avec la monture, accompagnement de l'allure du bassin

- il cède dans ses mains en desserrant légèrement les doigts sur les rênes, sans rompre le contact avec la bouche de la monture, ni laisser les rênes se rallonger (pouce et index pincés sur la rêne), et accompagne les mouvements de balancier de l'encolure selon l'allure.

La voix s'utilise pour confirmer ou infirmer la demande, sans usage excessif, pour ne pas le blaser.

Avancer - Ralentir - S'arrêter

Ralentir - S'arrêter

Le ralentissement ou l'arrêt doit être progressif mais ferme, jusqu'à obtention du résultat escompté.

Pour contenir l'impulsion, ralentir ou s'arrêter, le cavalier agit avec son dos, son poids du corps et ses mains, et cède dans ses jambes :

- il cesse d'accompagner en rythme l'allure avec son bassin ;
- il redresse le dos, efface ses épaules, soutient ses poignets en serrant les doigts sur les rênes, et cesse d'accompagner les mouvements de balancier de l'encolure selon l'allure ;
- il cède dans ses jambes en revenant à un contact normal des mollets avec les flancs, sans écarter ni avancer les jambes.

Pour l'arrêt, dès que celui-ci est obtenu, le cavalier cesse toute action : il reprend une position neutre avec un contact naturel.

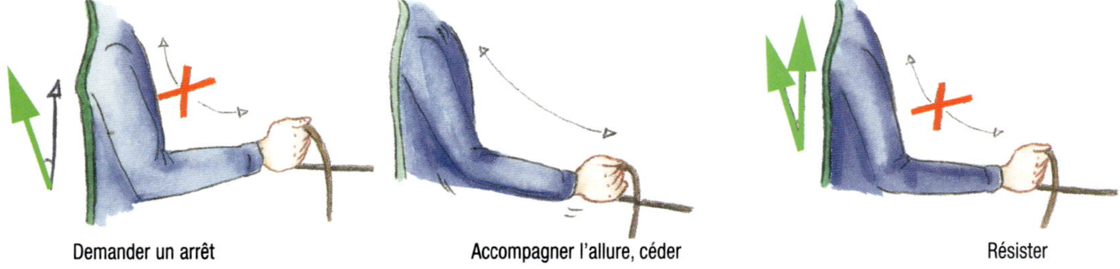

Demander un arrêt — Accompagner l'allure, céder — Résister

Changer d'allure sur des transitions simples et progressives

Deux formes de transitions existent :

- **les transitions montantes** qui consistent à passer d'une allure à une autre plus rapide (de l'arrêt au pas, du pas au trot, du trot au galop),
- **les transitions descendantes** qui consistent à passer d'une allure à une autre plus lente, jusqu'à l'arrêt (du galop au trot, du trot au pas, du pas à l'arrêt).

Chaque allure ayant un mécanisme qui lui est propre, une transition demande de la stabilité dans l'équilibre du cavalier. Vous devez préparer la transition en adoptant un comportement adéquat.

Un changement d'allure doit être franc, sans brusquerie, le poney ou cheval étant actif.
Comme toute demande, vous devez anticiper le mouvement en préparant votre monture à l'exercice attendu : agissez avec l'assiette, dans les mains et dans les jambes de façon à obtenir la transition désirée. Ainsi, dès que la nouvelle allure est souplement obtenue, vous l'accompagnez.

Diriger sur un tracé défini

Pour suivre une ligne droite, comme pour tourner, le cavalier doit s'orienter dans la direction où il veut aller en entretenant ou en augmentant l'impulsion de sa monture. Pour diriger, les rênes doivent toujours être ajustées pour maintenir un contact avec la bouche de sa monture, et lui transmettre, de fait, des indications justes et souples.

Ce sont votre orientation générale ET la vigilance active de vos jambes qui déterminent la qualité du tracé, donc du tourner :

- regardez où vous allez, maintenez l'impulsion ;
- faites une rotation du buste ;
- accompagnez de vos deux mains l'orientation imprimée par votre tronc.

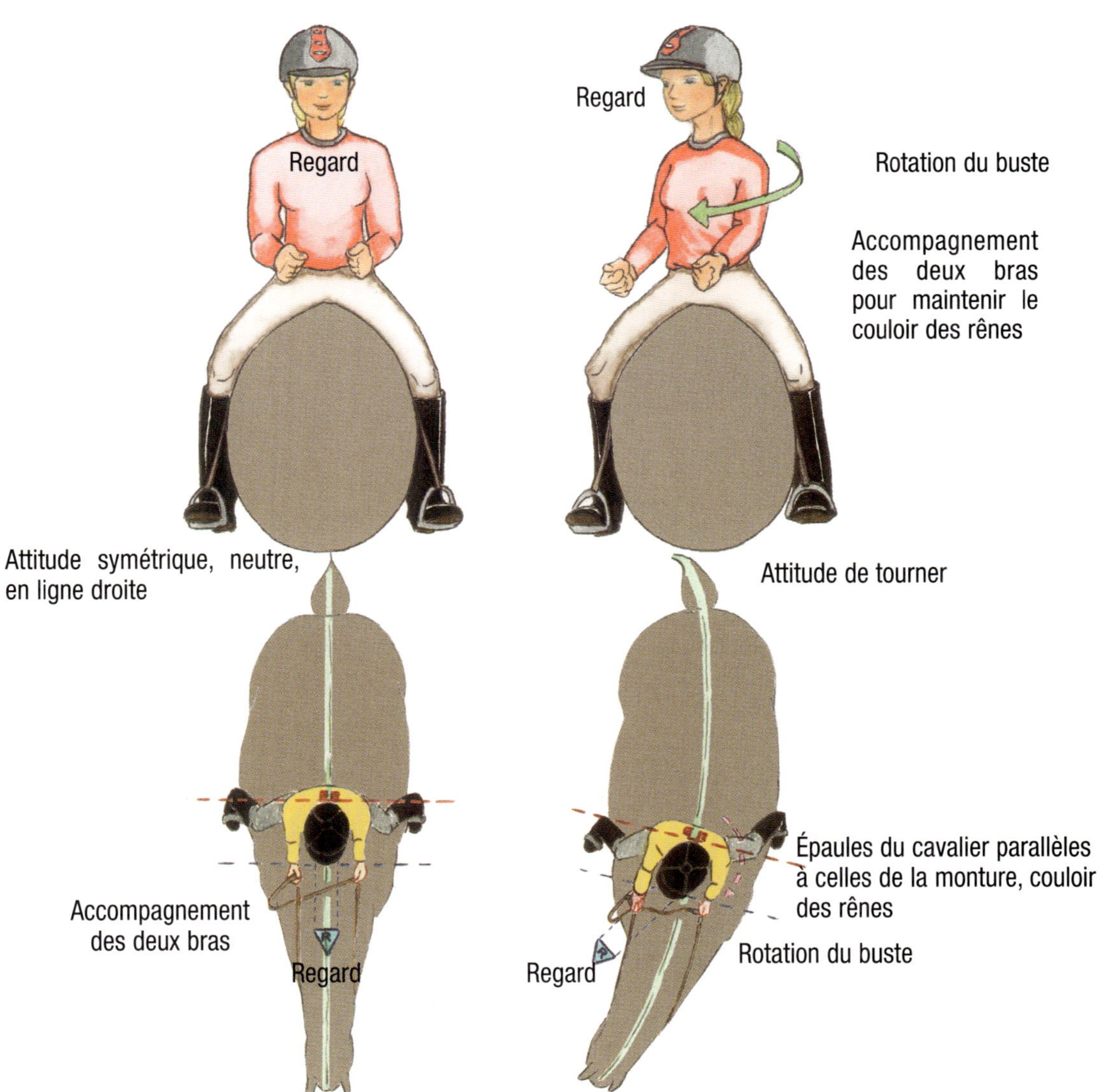

G 2

Règles de circulation

La reprise formée

Vous devez évoluer les uns derrière les autres dans un ordre imposé par l'enseignant.

Vous devez conserver, quelle que soit l'allure, une distance de sécurité minimale égale à la longueur d'un cheval imaginaire avec le couple qui vous précède. Ne vous laissez pas distancer pour autant : l'instinct grégaire de votre monture la pousse à rejoindre au plus vite ses congénères...

Si le couple qui vous précède vous gêne, dites-le lui puis signalez-le à l'enseignant. Ne prenez jamais l'initiative de le doubler sans autorisation.

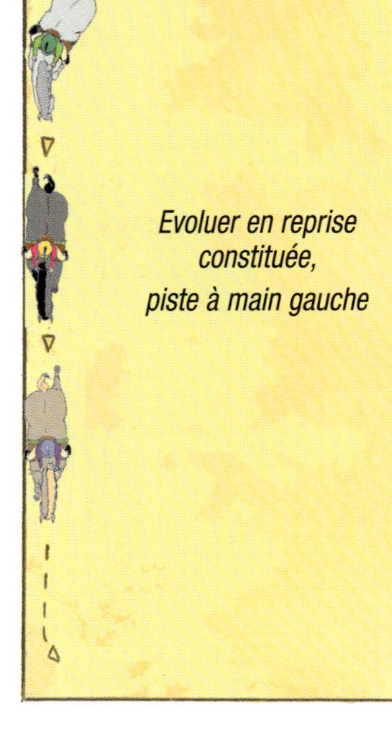

Evoluer en reprise constituée, piste à main gauche

Evoluer en reprise à distances indéterminées, piste à main droite

La reprise à distances indéterminées

Chaque couple évolue individuellement sur la piste à égale distance les uns des autres, en se répartissant dans l'enceinte.

Evoluer en reprise libre, aux deux mains

La reprise libre

Chaque couple évolue individuellement sur la piste en respectant les autres cavaliers et les priorités.

Quelques définitions

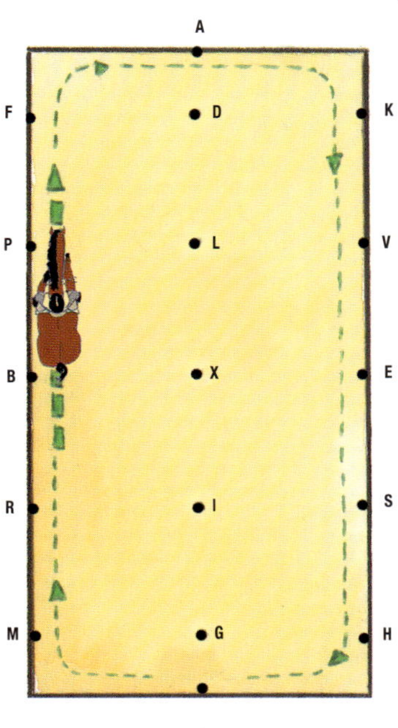

LA PISTE

C'est le chemin qui longe le pourtour du manège ou de la carrière.

On dit que l'on est piste à main droite lorsque la main droite du cavalier est du côté intérieur à l'enceinte, et que l'on est piste à main gauche lorsque sa main gauche est du côté intérieur.

LA LIGNE DU MILIEU

C'est la ligne qui coupe le manège ou la carrière en son milieu et en deux parties égales dans la longueur.

L'INTÉRIEUR

Si vous marchez piste à main gauche, votre main et votre jambe gauches seront appelées main et jambe intérieures.

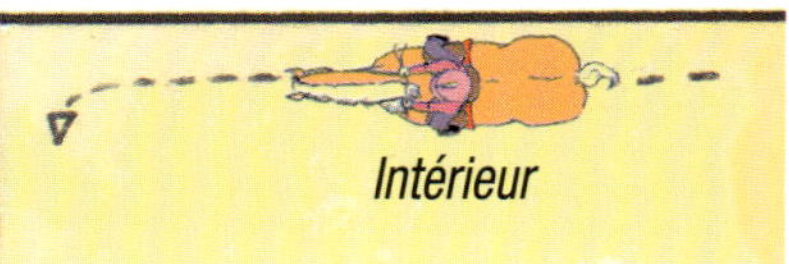

L'EXTÉRIEUR

Si vous marchez piste à main gauche, votre main et votre jambe droites seront appelées main et jambe extérieures, car positionnées du côté du pare-botte ou de la lice.

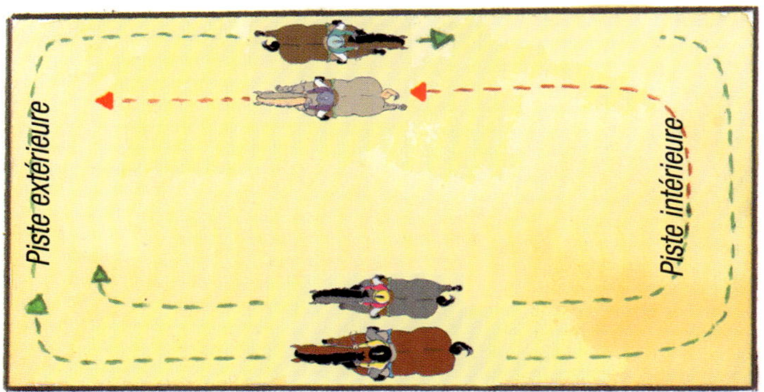

PRIORITÉ

À allure égale, c'est le couple qui évolue À MAIN GAUCHE qui est prioritaire. Vous devez lui céder le passage en vous décalant sur une piste intérieure. Attention, plus l'allure est vive, plus vous devez anticiper votre changement de piste, pour ne pas gêner l'autre couple.

G 2

Les figures de manège

Ce sont des tracés précis et géométriques qui sont définis et qui codifient les évolutions du couple cavalier - cheval. Enchaînés les uns aux autres aux différentes allures et combinés avec les exercices d'assouplissement, ils constituent la reprise de dressage.

Les figures de manèges se classent en deux familles :
- celles sans changement de main ;
- celles avec changement de main.

G 2

LES FIGURES SANS CHANGEMENT DE MAIN

Le cercle, la volte

Le diamètre est variable, généralement de 10 à 20 mètres pour le cercle, de 6 à 10 mètres pour la volte. Cercle et volte doivent être parfaitement ronds, vous devez rejoindre le point que vous avez quitté en commençant la figure. Il s'exécute de la piste ou à partir d'une lettre intérieure.

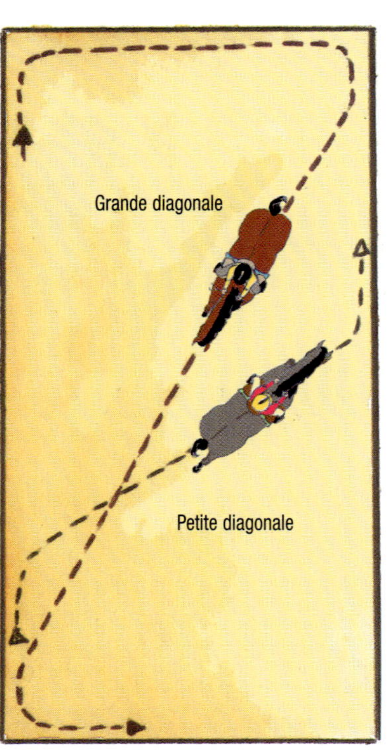

LES FIGURES AVEC CHANGEMENT DE MAIN

La diagonale

C'est une oblique qui traverse de part en part le manège ou la carrière. Elle débute toujours après une largeur et prend fin avant la largeur opposée.

Les figures particulières

Le doubler

C'est une ligne droite qui coupe le manège ou la carrière en deux parties, égales ou non.

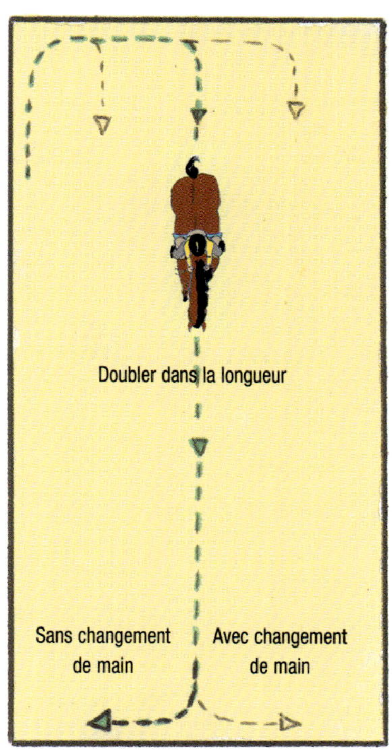

Le doubler dans la longueur

Vous tracez une ligne droite qui coupe le manège ou la carrière et qui est parallèle à sa longueur.

Le doubler dans la largeur

Vous tracez une ligne droite qui coupe le manège ou la carrière et qui est parallèle à sa largeur.

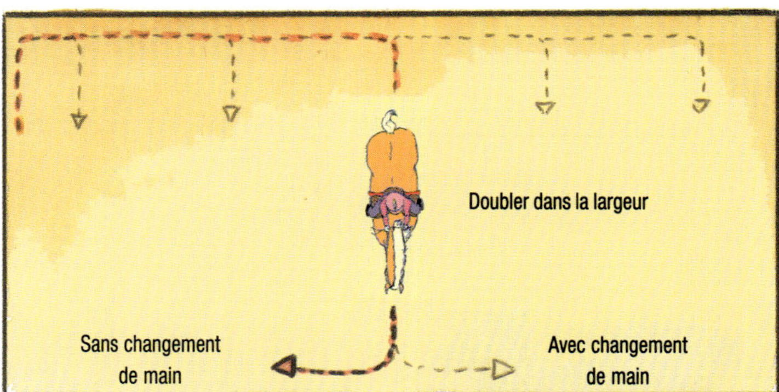

Ces deux doublers s'exécutent avec ou sans changement de main, selon votre choix ou celui de l'enseignant.

G 2

Sauter

Le saut d'obstacle se fait au trot ou au galop en position d'équilibre sur les étriers. Restez calme sans vous contracter.

Le saut se décompose en trois parties qu'il vous appartient de gérer :

- l'abord ;
- le franchissement ;
- la réception.

Les premiers sauts se font sans difficulté de conduite afin de faciliter votre fonctionnement dans la posture d'équilibre sur les étriers : l'obstacle est soit sur la piste, soit très bien encadré.

Les premiers obstacles, les plus bas, sont appelés cavaletti. Un croisillon avec barre d'appel posée au sol (qui permet à votre monture de visualiser l'endroit où elle va tranquillement déclencher son saut), est aussi fréquemment utilisé.

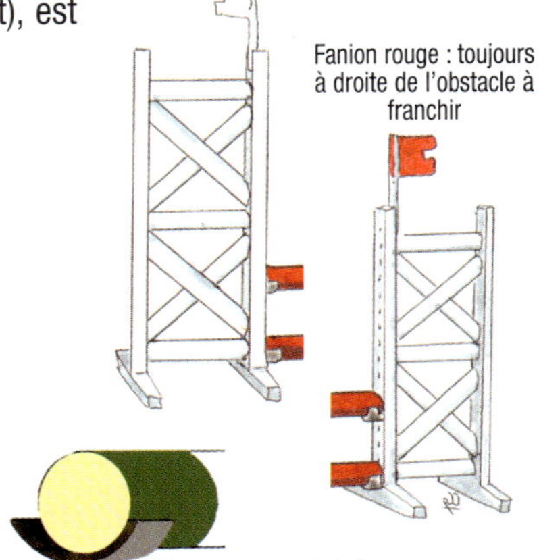

G 2

L'abord

En position d'équilibre sur les étriers, regardez devant vous en respectant l'allure demandée.

Dirigez votre monture afin de la conduire au centre de l'obstacle.

Prenez éventuellement une poignée de crins, sans perdre le contact avec la bouche de votre monture.

Maintenez l'impulsion.

L'amortissement du saut

En position d'équilibre sur les étriers, laissez votre cheval ou votre poney sauter sous vous. Vos articulations inférieures vont fonctionner en se pliant puis se dépliant pour amortir le saut.

Ne vous jetez pas en avant ni ne vous rasseyez dans la selle : vous compromettez alors votre équilibre et celui de votre monture.

Le réflexe du cavalier inexpérimenté ou contracté étant de se durcir sur les jambes, il ne peut donc plus amortir les sauts.

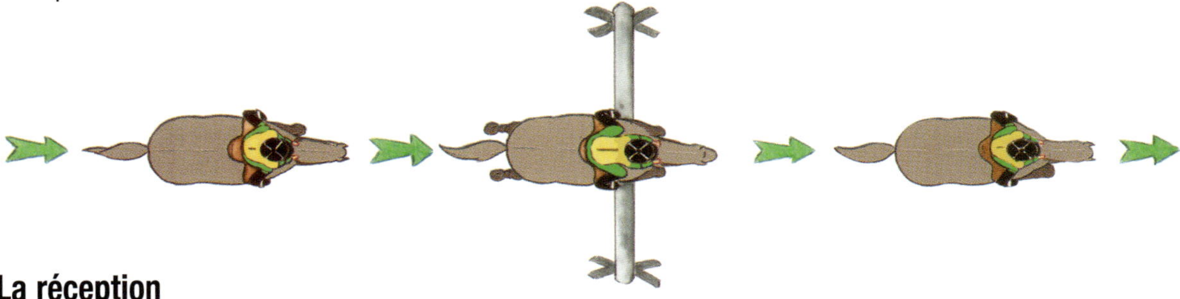

La réception

En position d'équilibre sur les étriers, vous vous redressez légèrement pour vous rapprocher de la selle et reprendre l'allure initiale. Récompensez votre monture en la caressant.

Entretenir le harnachement

Le harnachement doit toujours être propre. Son entretien garantit sa longévité et votre sécurité.

Le filet

Rincez le mors avec de l'eau claire après chaque usage. Grattez-le pour décoller les saletés et rincez-le abondamment.
Nettoyez les cuirs avec une éponge humide imprégnée de savon glycériné.

La selle

Les éléments en cuirs sont entretenus de la même façons que les éléments du filet. Les étriers doivent être débarrassés des saletés issues des semelles des bottes ou des boots.

Les protections

Elles sont nettoyées après chaque usage. Brossez-les puis :
- passez-les sous l'eau si elles sont lavables ;
- nettoyez-les avec l'éponge humide imprégnée de savon glycériné si elles sont en cuir.

Les activités du cheval ou du poney à l'état naturel

Les besoins vitaux

Le groupe Sauvage

Le cheval ou le poney est né pour vivre en liberté en petit groupe familial organisé autour du chef de famille : l'étalon. Celui-ci assure le rôle de cheval dominant, de chef au sein du troupeau. La hiérarchie instaurée doit être respectée de tous sous peine de punitions. Les jeunes mâles, dès 2 ans, quittent ce groupe (parfois chassé par l'étalon) pour éviter tout risque de consanguinité. Ils fondent alors un autre groupe en se regroupant entre eux, ou pour fonder une nouvelle famille.

Pour autant, cette hiérarchie ne suit pas un ordre pyramidal, elle va d'un équidé à l'autre : chacun a son rôle surtout pour signaler un danger.

Le chef de famille a pour rôle de protéger les membres de sa famille, de les mener aux pâturages les plus goûteux, les guider vers les lieux d'abreuvement : c'est un guide.

Le groupe domestique

Dans un groupe domestique, l'organisation est contrôlée par l'éleveur ; il gère l'étalon qu'il choisit pour ses juments, la répartition des groupes des mères, des poulains et des jeunes.

AUTRES GROUPES : Qu'il s'agisse de chevaux au pré, paddock, à la retraite, en convalescence, ajouter un nouveau congénère dans un groupe déjà constitué doit se faire avec un minimum de précautions préalables. Vous veillez à ce que « le nouveau » soit vu, senti et reconnu en le plaçant à proximité mais sans risque de blessure pendant quelques jours afin que tous s'acclimatent, avant de le lâcher au sein du groupe : tenez compte des affinités et des dominants pour constituer des groupes adaptés.

Alimentation - Abreuvement

C'est l'activité principale : manger est l'occupation qui requiert 12 à 15 heures par jour. Boire est en fonction de la quantité d'eau ingérée à travers les aliments (l'herbe verte apporte plus d'eau que l'herbe sèche) et vers les lieux d'abreuvement.

Se mouvoir

Se déplacer est une question de survie, tant pour échapper aux prédateurs éventuels, que pour entretenir l'usure des sabots, trouver de la nourriture ou boire.

Le repos

C'est l'autre activité principale : une moyenne de 5 à 7 heures par jour lui permet de récupérer. Que ce soit couché, ou debout, cette récupération est vitale.

Les races rencontrées en centre équestre / Poney-Club

Chevaux

Anglo-Arabe : cheval de selle et de sport, toisant de 1,58 à 1,65 m. Vif, courageux, avec du caractère. Toutes robes admises.

Selle Français : cheval de selle et de sport, toisant de 1,65 à 1,70 m. Énergique, performer. Toutes robes admises.

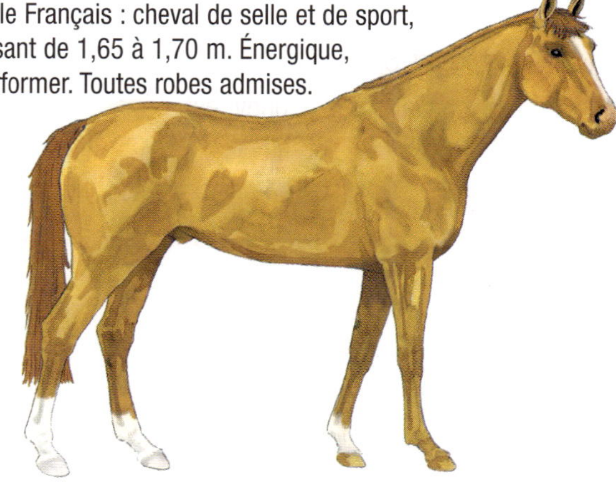

Arabe / Pur-Sang Arabe (Moyen-Orient) : 1,50 m au garrot. Petit cheval utilisé dans la reproduction comme améliorateur de race. Excellent cheval d'endurance.

Trotteur Français : cheval de course, trot attelé et trot monté, toisant de 1,50 à 1,80 m. Généralement bai-brun et alezan. Toutes robes admises.

Pur-Sang : cheval de selle, de course et de sport (CCE) toisant 1,65 m en moyenne au garrot. Il est issu de croisement d'étalons Barbes, Arabes, juments de races anglaises.

Bai, parfois gris ou alezan.

Camargue : petit cheval de sang, toisant de 1,35 à 1,50 m. Robe grise obligatoire. Polyvalent, équitation camargue, jeux équestres...

Poneys

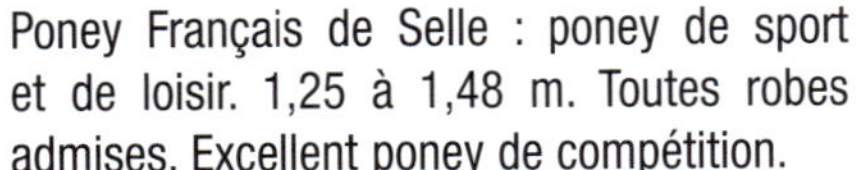

Poney Français de Selle : poney de sport et de loisir. 1,25 à 1,48 m. Toutes robes admises. Excellent poney de compétition.

Connemara (Irlande). Sports et loisirs. 1,28 à 1,48 m maxi. Robes : toutes sauf Pie.

Fjord (Norvège). Sports, loisirs et attelage. 1,35 à 1,55 m

Haflinger (Autriche). Sports, loisirs. 1,38 à 1,49 m

Highland (Écosse). Attelage, loisirs, sports. 1,25 à 1,50 m

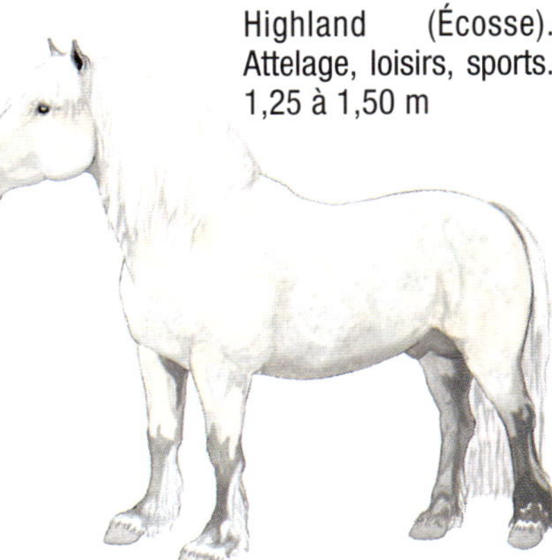

G 3

New Forest (Angleterre). Sports et loisirs. 1,20 à 1,48 m. Toutes robes sauf Pie.

Shetland (Écosse). Loisirs, attelage, jeux équestres, sport élémentaire.

0,80 à 1,07 m. Toutes robes admises. Très souvent Alezan crins lavés.

Welsh (Angleterre). Attelage, loisirs, sports.
Moins de 1,22 à 1,48 m maxi, en fonction de leur catégorie : quatre catégories.

L'extérieur du cheval ou du poney

Rappel : Le cheval ou le poney est constitué de trois parties principales :

- l'avant-main ;
- le corps ;
- l'arrière-main.

Chaque partie fait maintenant l'objet de précisions que vous devez maîtriser afin de pouvoir observer et éventuellement prodiguer les soins nécessaires.

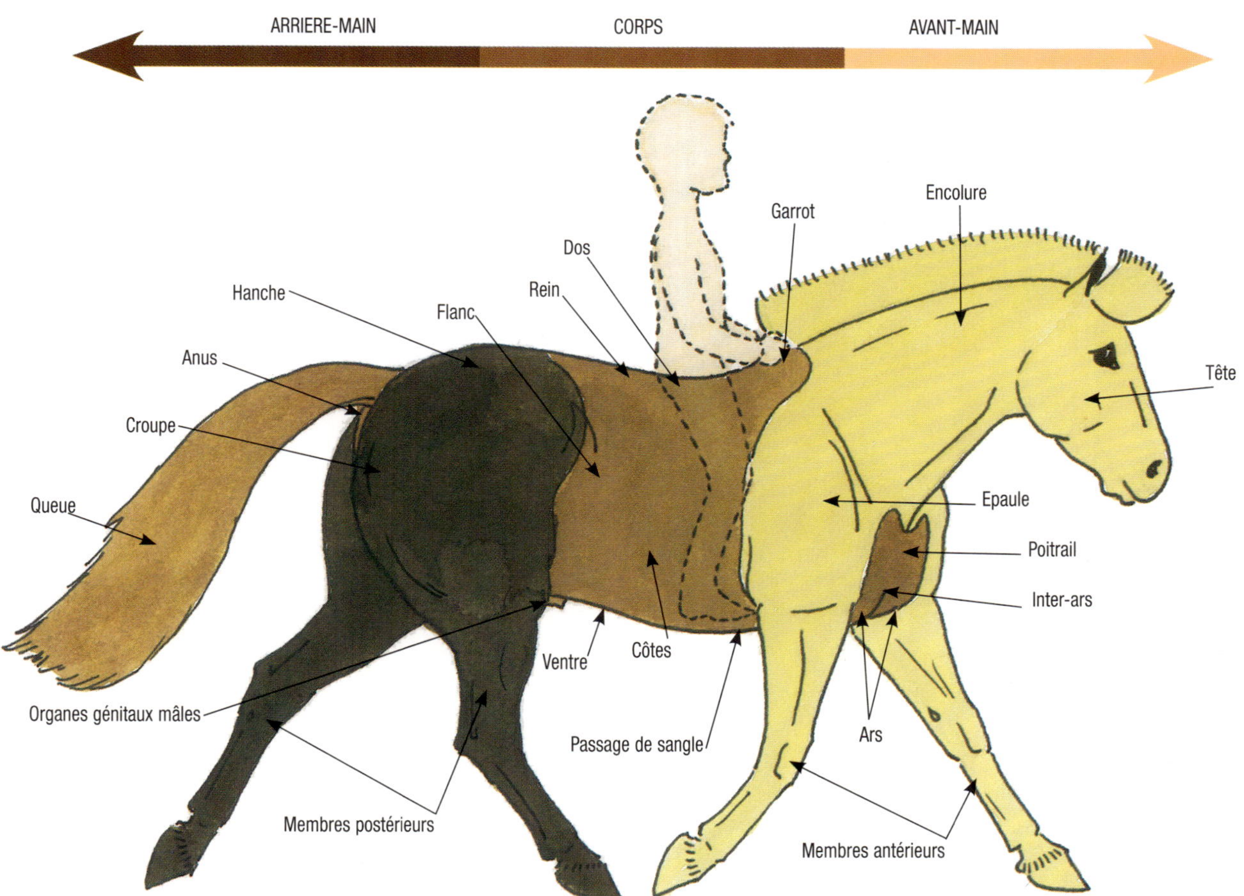

L'ARRIÈRE-MAIN est composée :

- des deux hanches,
- de la croupe,
- et des deux membres postérieurs.

LE CORPS est composé :

- du poitrail,
- des ars et inter-ars,
- du passage de sangle,
- des côtes, du ventre,
- des organes génitaux,
- de l'anus, de la queue
- du rein,
- du dos,
- et du garrot.

L'AVANT-MAIN est composée :

- de la tête,
- de l'encolure,
- des épaules,
- et des membres antérieurs.

G 3

La tête et les membres

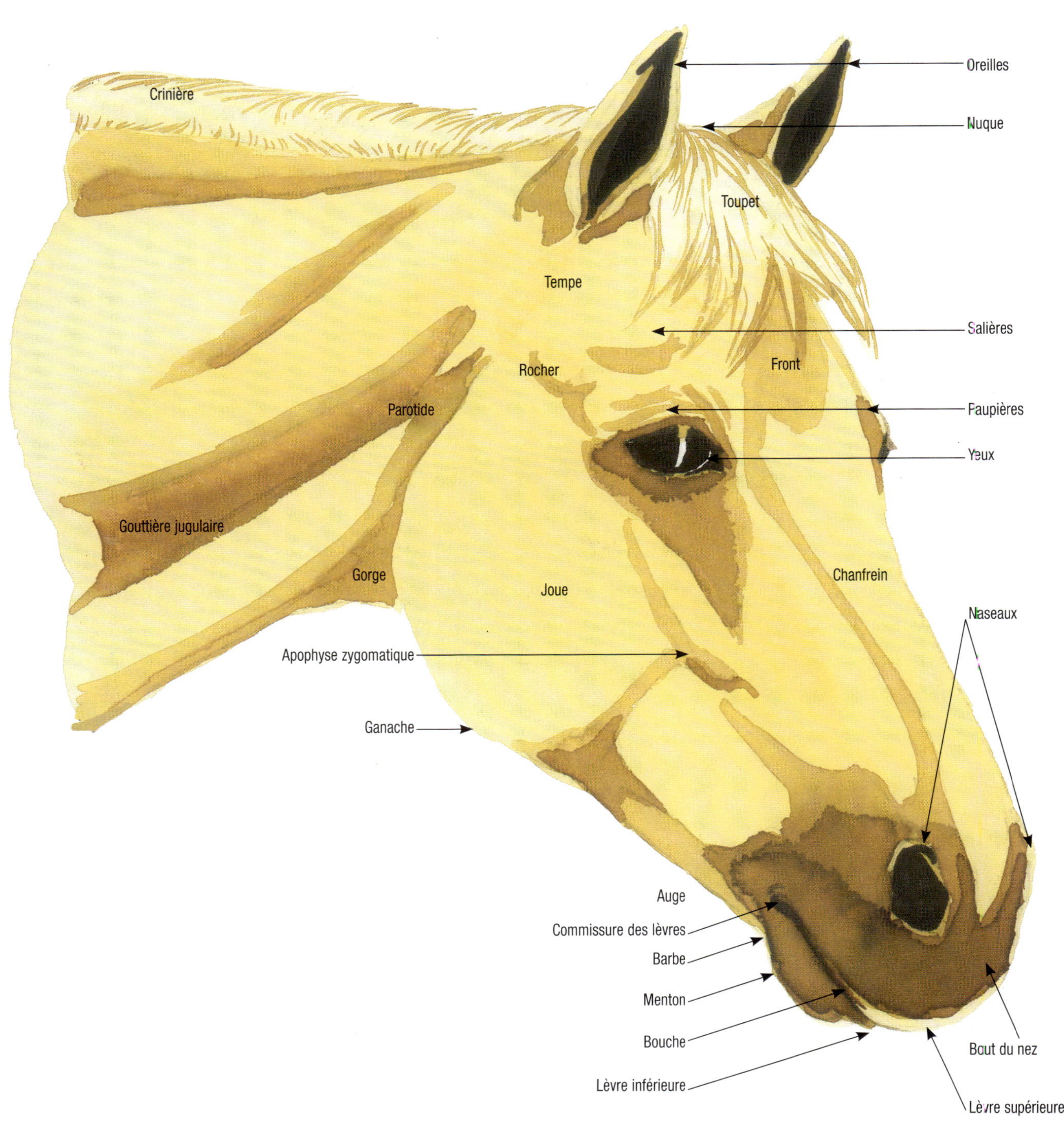

G 3

Le membre antérieur

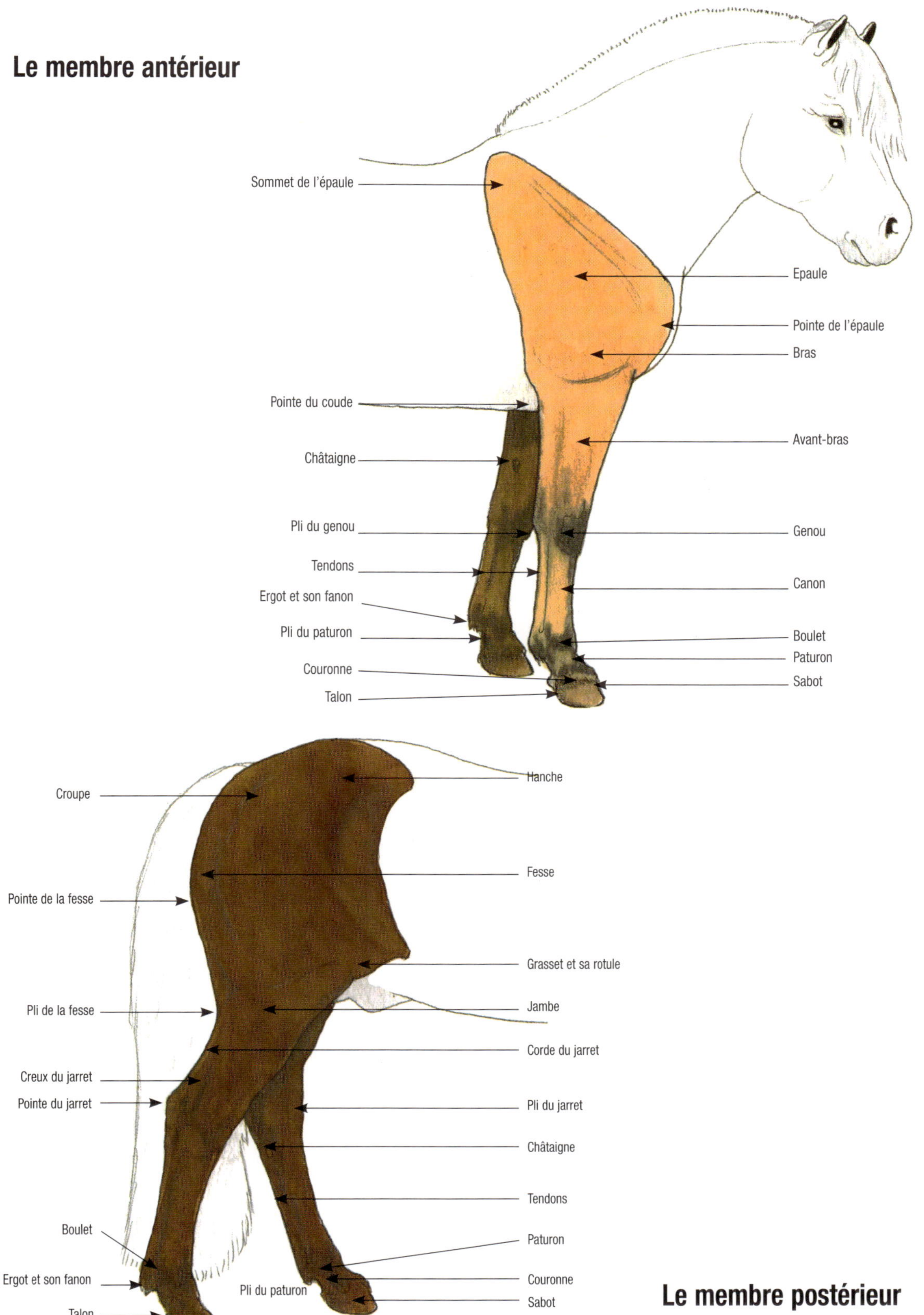

Le membre postérieur

G 3

Le pied

Le pied remplit trois rôles importants : l'appui, l'amortissement et la propulsion. Il doit faire l'objet de toute votre attention.

Le sabot

C'est l'enveloppe cornée, qui correspond à l'ongle chez l'homme, dont la fonction est de protéger les parties internes vivantes et très sensibles (os et chairs) du pied.

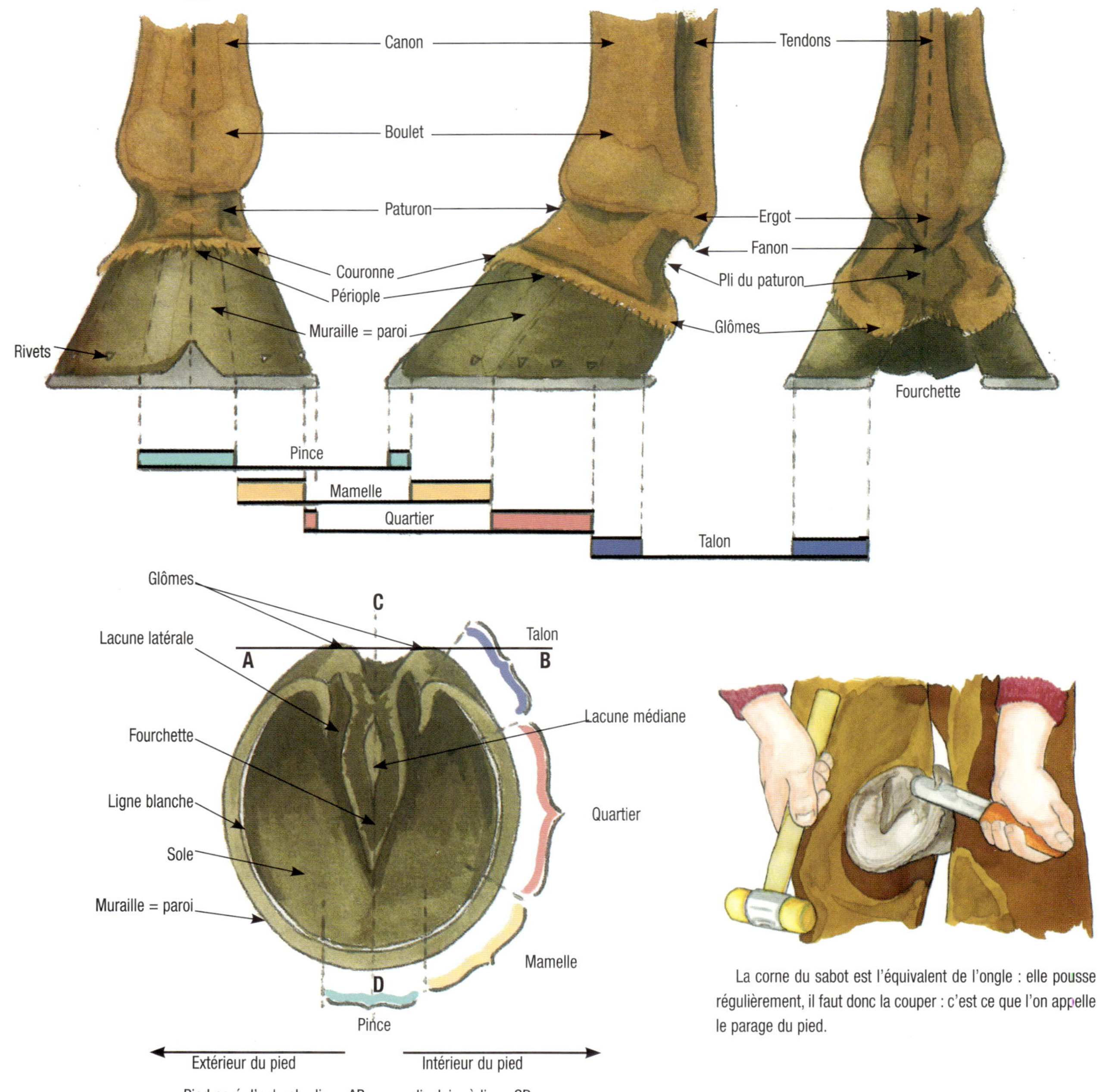

Pied paré d'aplomb : ligne AB perpendiculaire à ligne CD

La corne du sabot est l'équivalent de l'ongle : elle pousse régulièrement, il faut donc la couper : c'est ce que l'on appelle le parage du pied.

La ferrure

Le fer à cheval est une bande métallique adaptée au bord plantaire du sabot. Il évite l'usure excessive de la corne liée au travail. La ferrure doit être renouvelée environ toutes les six semaines par le maréchal-ferrant.

À l'état naturel, la corne pousse proportionnellement à l'usure du pied. Le fer du postérieur présente deux poinçons.

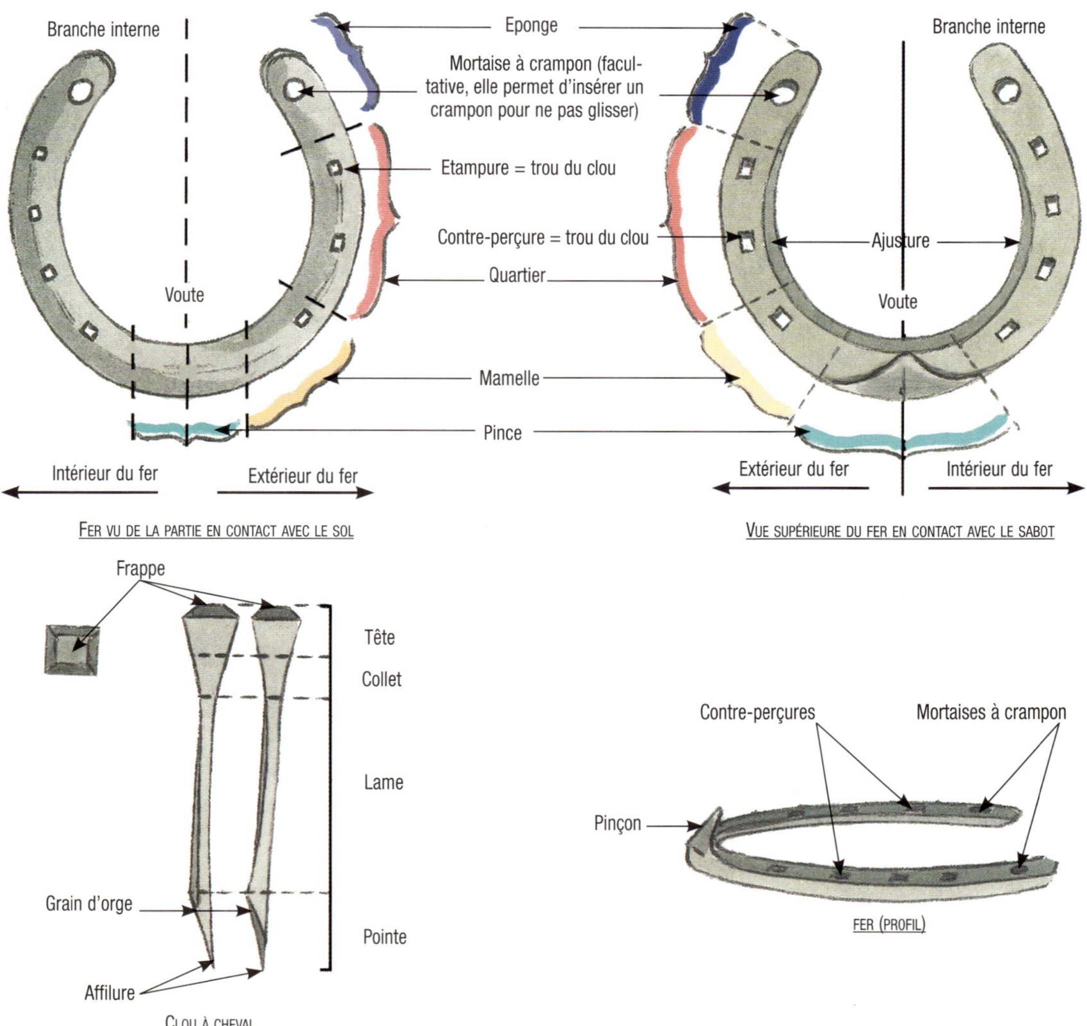

Soins aux pieds

Ils doivent être soignés avec une attention particulière.

Curez-les avant et après le travail, vérifiez l'état de la ferrure, qu'il n'y a pas de corps étranger et que le pied n'est pas anormalement chaud.

Graissez régulièrement les pieds (périople, paroi et sole) avec une pommade spéciale appelée onguent.

Particularités des robes

Le signalement du cheval ou du poney se fait par sa robe, mais également par les particularités qu'elle arbore. Ces particularités se localisent sur la tête, le corps et les membres.

Les marques blanches sur les membres

Elles sont appelées balzanes, et varient selon leur hauteur et leur forme. En voici une présentation classée de la plus petite à la plus grande. Un cheval ou un poney peut présenter aucune, ou une à quatre balzanes. La balzane peut être herminée ou bordée.

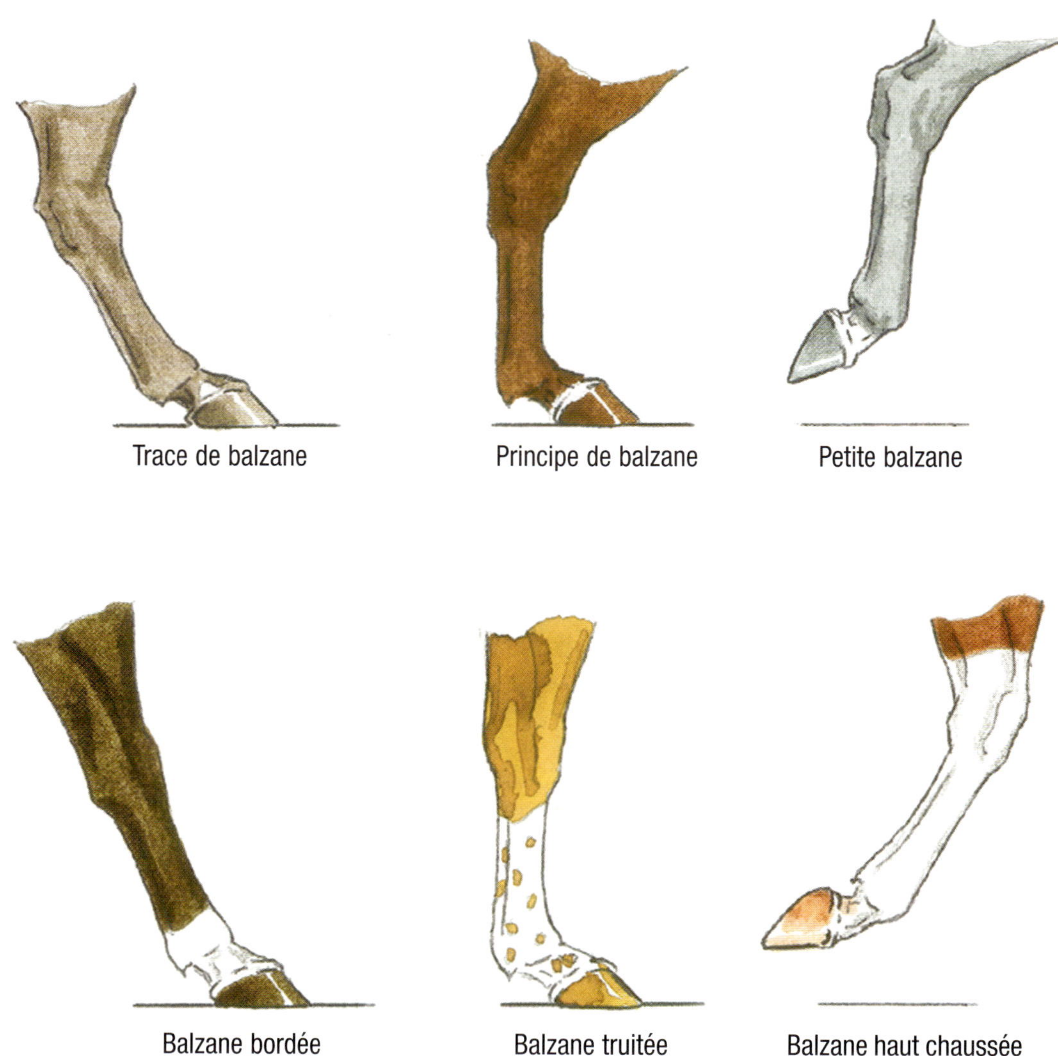

Trace de balzane — Principe de balzane — Petite balzane

Balzane bordée — Balzane truitée — Balzane haut chaussée

G 3

Les marques blanches sur la tête

Elles s'étagent de quelques poils sur le front ou s'étirent en bande sur le chanfrein, appelée « liste », jusqu'à recouvrir toute la face du cheval que l'on dit alors « belle-face ». Elles peuvent être herminées, bordées, déviées, interrompues.

Quelques poils en tête

En tête herminée

Pelote

Demi belle-face

Cheval qui « boit dans son blanc »

G 3

Pelote fortement déviée en tête, liste fine irrégulière

Belle-face

Etoile en tête,
liste interrompue

En tête bordée

Liste déviée à droite

Autres marques

Des marques foncées peuvent apparaître sur le corps ou les membres.

Ci-contre, un poney fjord de robe isabelle, avec une raie de mulet le long de sa colonne vertébrale.

Particularités diverses :

- épis (direction irrégulière du poil) ;
- ladre (peau rose dépourvue de poil) ;
- zain (absence de poil blanc).

Les épis sur la tête et sur la crinière

Les épis sont très importants pour l'identification du cheval ou du poney, car ils ne changent ni de forme ni d'emplacement : ce sont donc des caractères stables (à la différence des robes qui peuvent s'altérer avec l'âge).

DÉFINITION (D'APRÈS LES HARAS NATIONAUX)

Un épi est un ensemble de poils orientés spécifiquement autour d'un point plus ou moins visible. Leur orientation peut être :

- **divergente** : les poils s'éloignent du point (la base du poil est plus près du point que son extrémité),
- **convergente** : les poils vont vers le point (la base du poil est plus loin du point que son extrémité).

DESCRIPTION DES ÉPIS

Vous devez préciser :

- leur position sur le corps (tête, encolure, corps, membres)
- leurs caractéristiques (mélangé, confus, penné, sinueux, spiralé...)

Épi convergent

Épi divergent

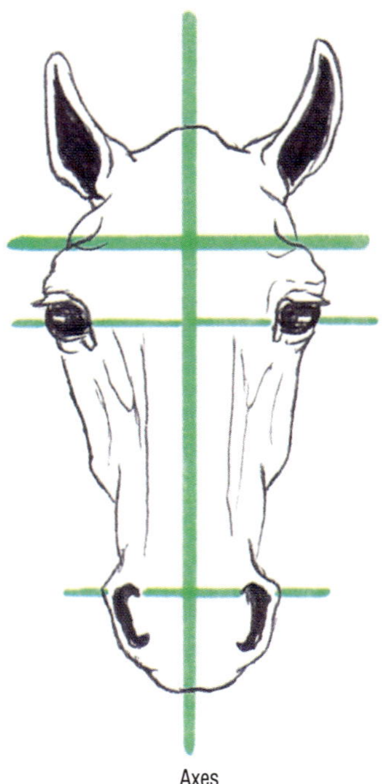
Axes

Les épis sur la tête

Il faut encore préciser leur localisation par rapport à l'axe médian de la tête et aux lignes horizontales de référence (lignes des yeux, des salières...)

Les épis à la base de la crinière

Il faut préciser leur localisation par rapport à la crinière.

G 3

Les robes

LA FAMILLE DES ALEZANS

Les poils, les crins et les extrémités sont fauves, plus ou moins foncés, les yeux sont foncés.

Alezan (peau assez claire)

Alezan cuivré (peau assez claire)

Palomino (peau noire ou grise)

Café au lait (peau claire)

Alezan brûlé (peau noire)

LA FAMILLE DES BAIS

Les poils sont gris ou fauves plus ou moins foncés, mais les crins, la peau, le bout du nez et des oreilles ainsi que les extrémités sont noirs. Les yeux sont foncés.

Effectuer un pansage complet

Votre monture dessellée et débridée, vous lui prodiguez les soins nécessaires en vérifiant son état général. En plus de la complicité que ce soin indispensable développe entre vous et votre cheval ou poney, le pansage complet permet sa bonne hygiène et son bien-être.

Panser et soigner

Zones vertes : ce sont les parties du corps de votre monture que vous devez particulièrement surveiller, car susceptibles de blessures de harnachement, ou d'usure de ferrage.

Vous devez être méthodique.

Passez l'étrille dans tous les sens du poil, mais uniquement sur les parties musculaires, voire sur l'arrière des tendons, sans arracher les poils.

Passez le bouchon sans oublier de le nettoyer sur l'étrille. Démêlez le toupet, la crinière et la queue à la main.

Passez la brosse douce, brosse en soie qui peaufine le brossage en enlevant les dernières poussières et en lissant le poil, sur toutes les parties du corps, des membres et permet de brosser en douceur la tête, en faisant un geste méthodique en rebroussant le poils et en le lissant.

Faites briller l'ensemble du poil avec l'époussette, morceau de tissu doux et sec, ou le gant de pansage, que vous imbibez de lustrant, si vous voulez augmenter la brillance du poil (à éviter sous la selle et à la place des jambes du cavalier).

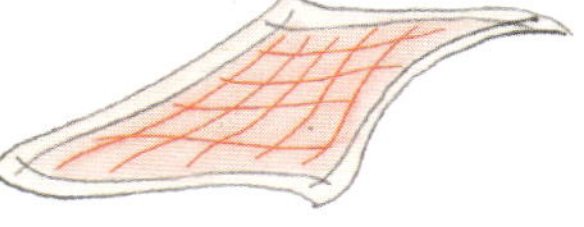

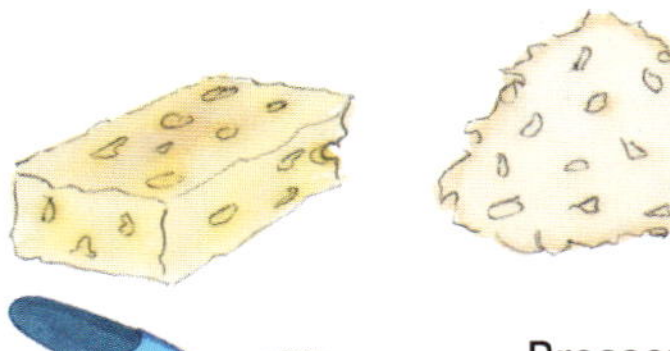

Nettoyez, dans l'ordre, les yeux, la bouche, les naseaux, les orifices naturels et les organes génitaux avec une éponge humide que vous rincez abondamment entre chaque partie.

Brossez avec la brosse à queue puis peignez les crins soigneusement pour parfaire leur démêlage et les mettre en ordre.

G 3

Les membres

Si vous ne les douchez pas, brossez les membres en entier.

Passez la main sur les tendons, canon, boulet, paturon et couronne de chaque membre pour vous assurer qu'il n'y a pas de température anormale, réaction thermique due à une inflammation.

Repérez toute sensibilité et tout gonflement anormaux.

Vérifiez l'absence de blessure (plaie, coupure ou écorchure) ou d'atteinte (blessure due au choc de deux membres entre eux) en regardant attentivement, et en soulevant le poil.

Les pieds

Curez les quatre pieds pour en contrôler l'aspect, nettoyer la sole, la fourchette et ses lacunes.

Pour curer le postérieur gauche, vous prenez le pied dans l'axe. Pour le postérieur droit, en restant à gauche, vous le croisez en avant du canon du postérieur gauche. Vous pouvez aussi changer de côté, et dans ce cas, vous le prenez dans l'axe.

Assurez-vous de l'absence d'objet étranger, de chaleur et du bon état de la ferrure (pas de clou manquant, fer usé ou branlant, rivet trop sorti).

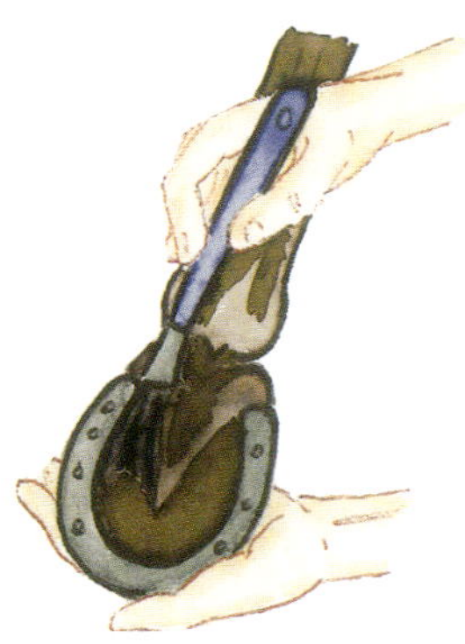

Graisser la sole

Graissez la sole, les glômes et la fourchette avant de graisser la paroi et le périople : vous n'aurez ainsi pas de graisse sur les mains, et votre maintien du pied sera correct.

Graissez le pied au niveau du périople et de la paroi. La graisse nourrit, conserve leur souplesse et évite l'apparition de fentes verticales de la paroi en pince ou en couronne.

La graisse donne une brillance au pied : c'est très esthétique !

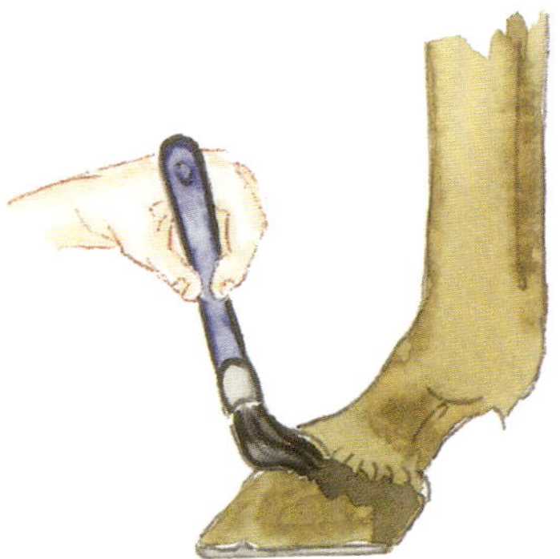

Graisser le périople et la paroi du sabot

Le corps

Le poil étant sec, vous étrillez et brossez.

Regardez et passez la main soigneusement sur le garrot, le dos et le passage de sangle pour détecter tout gonflement ou perte de poils anormaux, et toute blessure.

Vérifiez l'état des organes génitaux et de l'anus.

Si votre monture est mouillée suite au travail, frictionnez-la avec une grande serviette ou de la paille propre que vous tassez dans la main pour former un bouchon de paille. Ce bouchon absorbe la sueur. Lorsqu'il est trop humide, remplacez-le. Le massage issu de ce soin prodigue un grand confort à votre monture.

Si la température extérieure le permet, douchez les membres et le corps. Vous les lavez et les massez.

La boue et les salissures étant enlevées par l'eau, passez le couteau de chaleur sur les parties charnues du corps du cheval ou du poney, outil qui permet de retirer la majeure partie de l'eau pour un séchage plus rapide.

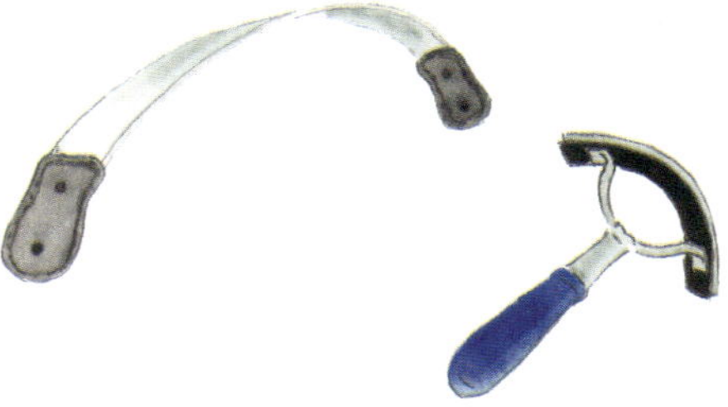

Veillez à essuyer soigneusement les membres douchés avec un linge propre et sec. Vous insistez particulièrement au pli des articulations pour éviter l'apparition de gerçure ou de crevasse.

Selon la température extérieure et la saison, mettez une couverture séchante pour qu'il ne prenne pas froid.

G 3

Douche en jet directionnel : lave et masse les tendons

Douche en pluie : lave

La tête

Brossez-la en douceur avec la brosse en soie, faites briller avec le chiffon doux ou le gant de pansage.

Lavez les yeux, les naseaux et la bouche avec une éponge propre et humide.

Assurez-vous qu'il n'y a aucune rougeur ou blessure sur l'ensemble des trajets du filet et de la muserolle.

Entretenir la litière

Fonctions de la litière

Quelle que soit sa composition, elle apporte un maximum de confort au cheval ou au poney en l'isolant du froid, et en constituant un matelas sur lequel il se couche. Elle absorbe l'urine et les mauvaises odeurs.

La litière de paille, la plus fréquente, présente l'avantage de compléter le lest intestinal et de lutter contre l'ennui du cheval ou du poney, celui-ci pouvant en mâchonner les brins propres tout au long de sa journée. Elle est toutefois contre-indiquée chez les animaux souffrant de problèmes respiratoires, d'allergie ou de problèmes digestifs.

Elle est alors remplacée par, la plupart du temps, des copeaux de bois dépoussiérés. Dans ce cas, il faut impérativement lui mettre à disposition du foin ou de la paille.

Entretien de la litière

L'entretien régulier et soigneux de la litière permet de veiller à la bonne santé générale du cheval ou du poney. Il évite la prolifération des parasites.

L'état de la mangeoire et de l'abreuvoir doit être contrôlé systématiquement matin et soir : en retirer tous les corps étrangers (crottins, brins de paille ou de foin), et les nettoyer à fond.

LE MATIN

Retirez crottins, plaques souillées d'urine et la paille sale que vous remplacez par de la paille propre, en laissant une réserve sur les pourtours de l'hébergement (litière en bateau).

LE SOIR

Retirez les crottins et refaites la litière en bateau avec de la paille propre.

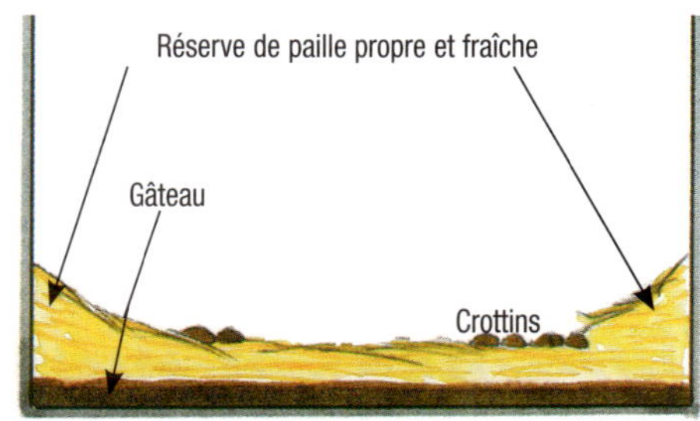

Litière en bateau

PÉRIODIQUEMENT

Une à deux fois par semaine, curez l'hébergement.

Enlevez toute la litière, balayez et désinfectez le sol, lavez l'abreuvoir et la mangeoire.

En été, curez plus souvent.

En hiver, conservez un « gâteau », partie inférieure de la litière, pour diffuser de la chaleur, et mieux isoler.

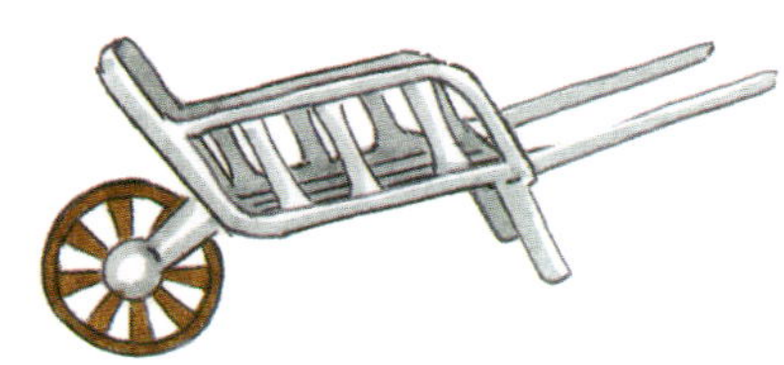

G 3

Autres litières...

Litière en copeaux de paille

Litière en copeaux de lin

Litière en granulés de bois

Litière en copeaux de papier

Litière en copeaux de bois

Suivez les indications de votre enseignant lorsque vous distribuez les aliments pour ces chevaux ou poneys qui ne sont pas sur des litières traditionnelles.

Entretien de la (ou des) mangeoire(s)

La (ou les mangeoires, s'il s'agit d'une stabulation, d'un pré ou d'un pafddock dans lesquels plusieurs équidés résident) mangeoire doit faire l'objet de toute votre attention.

Pour manger, vous l'avez vu lors du chapitre « la bouche », le cheval ou le poney salive plus ou moins en fonction des aliments qui lui sont donnés.

La salive, bien évidemment, coule dans la mangeoire, se mêle aux aliments non ingérés, et provoque une fermentation dans la mangeoire.

Il est donc fondamental de la nettoyer consciencieusement en la raclant pour en retirer tous les résidus, voire en la lavant (et la rinçant soigneusement) si nécessaire.

Entretien de l'abreuvoir (ou des abreuvoirs)

Le lieu d'abreuvement, quel qu'en soit le mode (abreuvoir automatique, seau...) doit être exempt de toute saleté et être régulièrement vérifié pour que la qualité de l'eau soit idéale.

Le cheval ou le poney, en buvant, peut laisser des grains, granulés ou bribes de paille ou de foin au fond de l'abreuvoir. Ces déchets s'accumulent et créent un milieu idéal au développement et à la prolifération de divers parasites et bactéries.

Ni trop fraîche, ni « stagnante ».

Le cheval ou le poney doit donc pouvoir disposer en permanence d'eau propre.

Ainsi, avant de distribuer de la nourriture ou d'abreuver, vérifiez systématiquement l'état des réceptacles.

Disciplines équestres classées par ordre alphabétique et selon leur impact national et/ou Mondial et/ou Olympique

Voici les activités, classées par ordre alphabétique, qui peuvent vous être proposées, en fonction des régions. Certaines sont reconnues par la FEI (= Fédération Équestre Internationale), d'autres relèvent de la tradition et/ou de la culture équestre française. À noter : la chasse à courre, et le tir à l'arc sont aussi des actvités équestres répertoriées comme activités culturelles.

Amazone (Tradition/Culture)

Ce n'est pas une vraiment une discipline. On monte à cheval ou à poney en jupe, les deux jambes du même côté, à l'aide d'une selle spécialement conçue. Le dressage est privilégié, mais le saut d'obstacle, qui exige une grande maîtrise, existe aussi.

Attelage (Discipline mondiale FEI)

C'est l'une des disciplines où l'on ne monte pas à cheval ou à poney. Une voiture hippomobile est attelée derrière un ou plusieurs chevaux que le meneur doit conduire sur route ou en terrain varié.

Camargue (équitation) Tradition/Culture

Elle se pratique sur des chevaux camarguais avec un harnachement adapté à cette technique spécifique. Cette équitation est l'héritière d'une tradition séculaire propre aux cavaliers du delta du Rhône.

Concours Complet d'Equitation (CCE Discipline Olympique)

À poney ou à cheval, il comporte trois épreuves successives effectuées avec la même monture : le dressage, le cross (saut d'obstacles fixes en pleine nature) et le saut d'obstacles (saut d'obstacles mobiles).

Courses de galop ou de trot monté ou attelé (Tradition/Culture)

Les courses plates (= sans obstacle) se courent sur des distances variant de 800 m à 4 000 m. Elles sont le plus souvent réservées aux Pur-Sang Anglais sur les hippodromes. Les courses avec obstacles se disputent sur des distances comprises entre 2 800 m et 7 000 m. Il existe des courses de haies, des steeple-chases et des cross-country.

Courses de trot (Tradition/Culture) Elles se disputent également sur des hippodromes et sont réservées aux trotteurs français. Il existe des courses de trot monté et de trot attelé, la voiture est appelée « sulky ».

Doma Vaquera (Tradition/Culture) Issue du travail dans les élevages de taureaux en Andalousie.

Dressage (Discipline mondiale FEI)

C'est l'enchaînement de plusieurs figures, airs et exercices devant être exécutés dans un ordre précis, aux différentes allures, sur une carrière (sable ou gazon) équipée de lettres. Cette discipline est la seule à intégrer une prestation en musique, dans laquelle le rapport musique mouvement est noté (Kür, RLM).

Dressage paraéquestre (Discipline Olympique)

Inscrite aux Jeux Mondiaux et aux Jeux Olympiques, cette discipline permet aux cavaliers handicapés de se donner des objectifs sportifs.

Equifeel (Tradition/Culture)
Tests ludiques à pied pour mettre en valeur la complicité avec le cheval ou le poney.

Equifun (Tradition/Culture)
C'est un parcours chronométré de maniabilité qui regroupe une succession d'épreuves ludiques.

Equitation de travail (Tradition/Culture)

A pour objectif de préserver et développer les compétences équestres relatives à la conduite et au tri du bétail.

Equitation Islandaise (Tradition/Culture)
Est spécifique aux chevaux islandais qui possèdent deux allures supplémentaires : le tölt et l'amble.

Endurance (Discipline mondiale FEI)

C'est l'équitation d'extérieur individuelle ou en équipe, qui se déroule en terrain varié sur un itinéraire précis, imposé et balisé, à vitesse imposée ou libre.

Endurance en attelage (Discipline mondiale FEI)

C'est l'ensemble de plusieurs épreuves réalisées en attelage en terrain varié sur un itinéraire précis, imposé et balisé, à vitesse imposée ou libre.

Horse-ball (Sport d'équipe)

C'est un sport collectif où deux équipes de six cavaliers (quatre joueurs de champ et deux remplaçants) s'affrontent sur un terrain balisé. Il se joue avec un ballon pourvu de six anses qu'il faut envoyer dans un but situé à chaque extrémité du terrain.

Hunter (Tradition/Culture) C'est un parcours de saut d'obstacles mobiles que le couple cavalier - cheval doit franchir dans un style le plus précis et élégant possible.

Jumping = CSO (Discipline Olympique) Concours de Saut d'Obstacles C'est un parcours de saut d'obstacles mobiles dont l'objectif est de réaliser un sans-faute dans un temps imparti.

Polo (Sport d'équipe) Deux équipes de trois à quatre cavaliers (éventuellement + trois remplaçants) doivent envoyer une balle à l'aide d'un maillet dans les buts situés aux extrémités du terrain.

Pony-games (Sport d'équipe)
C'est l'ensemble de jeux équestres pratiqués selon leurs règlements propres, en équipe ou en individuel.

Ski joëring (Tradition/Culture)

C'est une activité sportive alliant le ski et l'attelage. Le skieur est tracté sur la neige ou tout autre terrain permettant la glisse avec du matériel adapté.

TREC = Technique Équestre de Randonnée de Compétition

C'est une compétition constituée de quatre épreuves qui visent à évaluer les qualités du couple cavalier - cheval : présentation, parcours d'orientation et de régularité, maîtrise des allures, parcours en terrain varié. Cette disipline se pratique en selle ou en attelage.

Voltige (Discipline mondiale FEI)

C'est l'exécution d'enchaînement de différents exercices gymniques sur le dos d'un cheval longé au pas ou au galop. Les compétitions sont individuelles ou par équipe.

Western équitation (Tradition/Culture)

C'est une discipline issue d'une tradition propre aux cow-boys (garçons vachers) rassemblant de nombreuses épreuves équestres qui visent à évaluer les qualités d'un cheval au travail. L'une des compétitions est le Reining.

G 3

Ajuster le harnachement

Le filet

Pour régler la hauteur du mors dans la bouche du cheval ou du poney, vous réglez les montants de façon égale. Le mors doit être en contact avec les commissures des lèvres sans les comprimer : deux plissures apparaissent au maximum.

La sous-gorge doit être bouclée sans serrer pour ne gêner ni la respiration, ni la déglutition.

Filet correctement ajusté

Filet trop court, compression excessive des commissures (douleur)

Filet trop long, le mors heurte les dents (douleur)

Filet sans muserolle

G 3

Les muserolles

Les muserolles limitent l'ouverture de la bouche.

Il en existe différents modèles qui sont choisis en fonction de l'effet recherché.

Ces muserolles ont chacune leurs réglages.

La muserolle française

Elle se règle à deux travers de doigts sous l'apophyse zygomatique sans serrer.

La muserolle allemande

Elle se règle sous les canons du mors de filet et ne doit comprimer ni les naseaux, ni la bouche.

La muserolle croisée

Elle se croise sur le chanfrein et présente deux lanières à boucler sans serrer sous l'auge et au pli de la barbe.

La muserolle combinée

Elle s'emploie avec ou sans le nose-band.

La selle

Elle doit être positionnée d'aplomb sur le dos et sanglée sans serrer. Le pommeau doit être correctement dégarrotté, les étriers remontés tant que vous ne montez pas. Le tapis est solidaire de la selle grâce aux lanières enfilées sur les contre-sanglons.

Démonter le filet

Démontez totalement le filet pour en nettoyer minutieusement toutes les parties et contrôler minutieusement l'état de chaque élément.

Débouclez les rênes, débouclez les montants du filet en bas pour enlever le mors, en haut pour les défaire de la têtière, débouclez la muserolle et retirez-la des passants du frontal, retirez le frontal.

Vous procédez en ordre inverse pour remonter le filet, en veillant à faire passer la muserolle sous la têtière du filet (c'est elle qui est en contact avec la nuque).

Lorsque vous remontez le filet, veillez à ce que toutes les boucles soient orientées vers l'extérieur, et que les fermetures de la muserolle et de la sous-gorge se fassent à gauche.

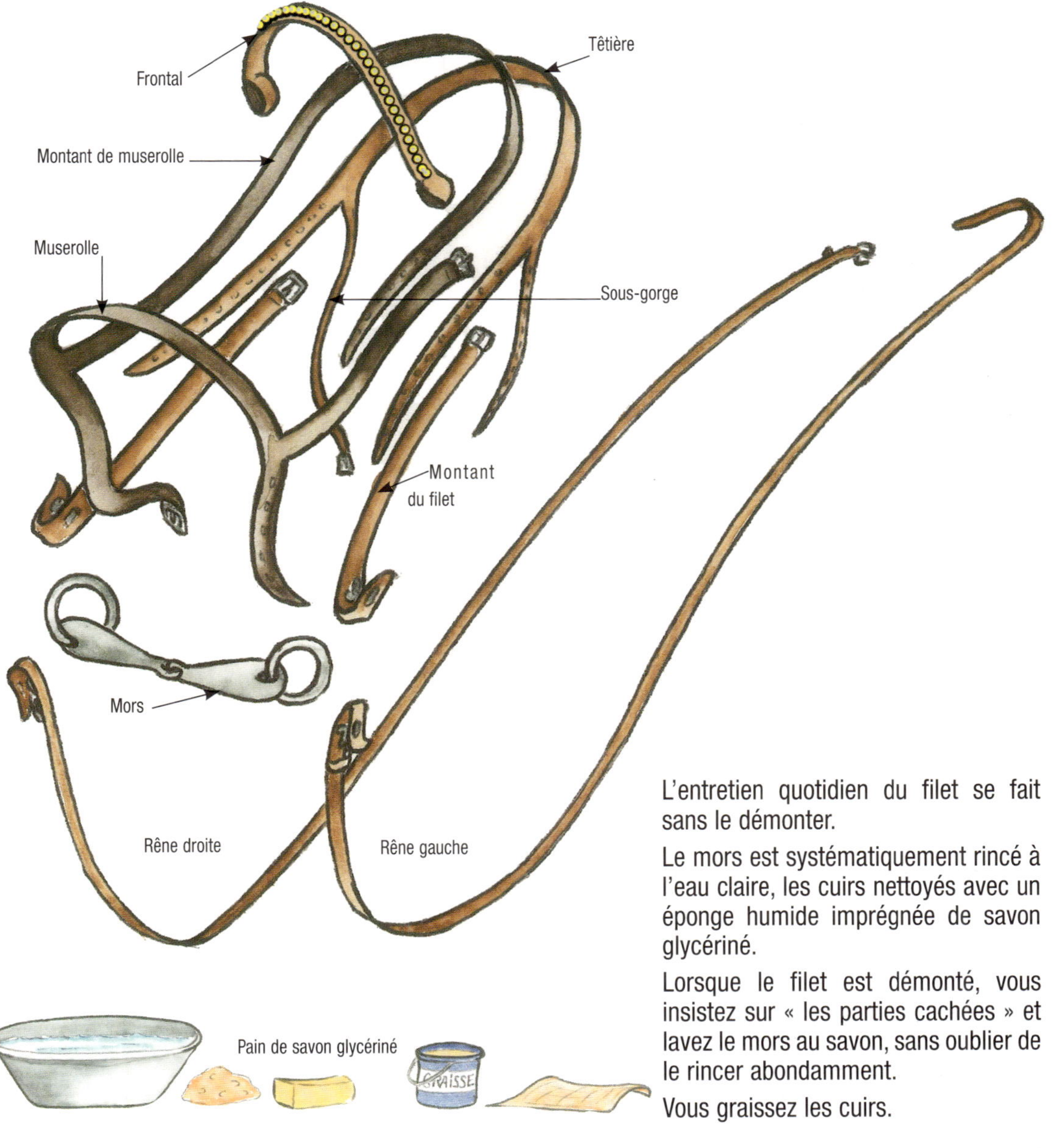

L'entretien quotidien du filet se fait sans le démonter.

Le mors est systématiquement rincé à l'eau claire, les cuirs nettoyés avec un éponge humide imprégnée de savon glycériné.

Lorsque le filet est démonté, vous insistez sur « les parties cachées » et lavez le mors au savon, sans oublier de le rincer abondamment.

Vous graissez les cuirs.

Mécanismes du pas et du trot

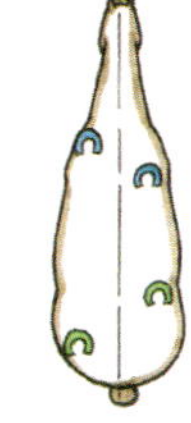

Quelques précisions qui permettent de mieux comprendre le mécanisme des allures.

Le bipède est l'association des membres par paires :

Bleu : Le *bipède antérieur* comprenant les deux membres de devant,

Vert : Le bipède postérieur comprenant les deux membres de derrière,

Jaune foncé : Le bipède latéral droit comprenant l'antérieur et le postérieur droits,

Jaune clair : Le bipède latéral gauche comprenant l'antérieur et le postérieur gauches,

Violet : Le bipède diagonal droit comprenant l'antérieur droit et le postérieur gauche,

Rose : Le bipède diagonal gauche comprenant l'antérieur gauche et le postérieur droit.

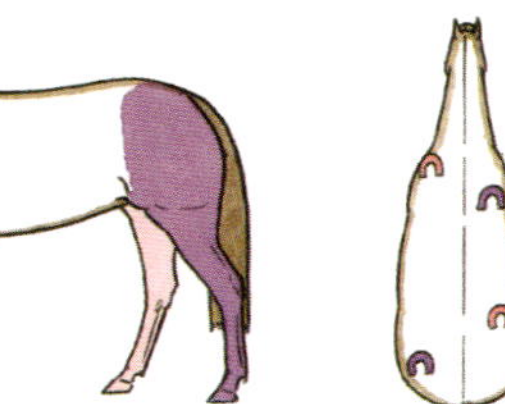

La *battue* est le bruit fait par la pose d'un ou plusieurs pieds.

La *projection* est la période pendant laquelle aucun membre n'est à l'appui.

Le *temps* est la durée entre deux battues successives.

La *foulée* est la distance entre deux posers d'un même pied.

Le poser est l'instant où le sabot rencontre le sol.

<u>Le pas</u> est une allure symétrique et marchée, chaque membre est bougé l'un après l'autre, c'est donc une allure à quatre temps égaux, où l'on entend quatre battues équidistantes (pi-ti-pi-clop). Chaque postérieur pousse son antérieur correspondant. Il y a toujours trois pieds au sol.

<u>Le trot</u> est une allure symétrique et sautée à deux temps égaux, les membres sont bougés deux par deux, en association diagonale, séparés d'un temps de projection pendant lequel aucun pied ne touche le sol, où l'on entend deux battues équidistantes (plic-ploc).

Changer de diagonal au trot enlevé

Vous devez changer régulièrement de bipède diagonal au trot enlevé pour éviter de fatiguer exagérément un bipède plus que l'autre. En effet, c'est le bipède diagonal avec lequel vous vous asseyez qui fatigue le plus. C'est d'autant plus important pour votre monture lorsque vous êtes sans repère de main, à l'extérieur.

Au manège ou en carrière, vous devez trotter avec le bipède diagonal extérieur, c'est-à-dire le bipède diagonal gauche si vous êtes à main droite et inversement.

Il est important de respecter parfaitement le rythme du trot pour trotter enlevé en cadence avec l'allure et pouvoir contrôler le changement de bipède diagonal.

Si vous n'êtes pas régulier dans votre trot enlevé, vous ne conservez pas le même diagonal de trot, il vous est impossible d'en contrôler le changement.

DEUX TEMPS SUCCESSIFS ENLEVÉS

Pour changer de bipède diagonal, il vous faut rompre l'alternance « assis - debout » de votre trot enlevé. Il y a deux façons de procéder :

- vous restez deux temps successifs enlevé de la selle avant de vous rasseoir ;
- vous restez deux temps successifs assis dans la selle avant de vous enlever.

Ces deux modes de fonctionnement sont laissés à votre préférence.

DEUX TEMPS SUCCESSIFS ASSIS

Communiquer
La posture - Les aides

Connexion - Contact - Propulsion - Solidité (en selle comme à pied)

Contact et connexion permettent la communication entre le cavalier et sa monture : transmettre des demandes, ressentir les réactions et réagir en fonction de celles-ci à travers les aides.

Dès que votre cheval ou poney répond à votre demande, cédez dans vos aides, sans rompre le contact.

Le contact est l'ensemble des informations transmises et reçues que vous entretenez avec votre monture afin de créer une communication codifiée que l'on appelle LE LANGAGE DES AIDES.

La connexion est l'ensemble des relations qui se créent entre un cheval/poney et son cavalier. Elle se traduit par la réceptivité de l'animal à son cavalier, à pied comme en selle.

La propulsion est la qualité du cavalier de créer, renforcer ou contrôler l'énergie mobilisée par le cheval de se porter vers l'avant.

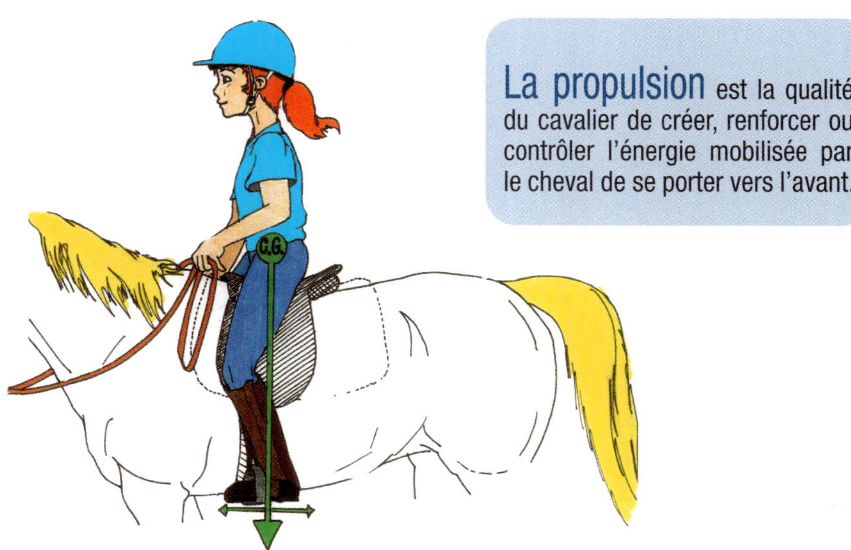

La solidité est la qualité du cavalier qui fonctionne sur une bonne assiette (en selle, ou une bonne orientation à pied) et un bon équilibre pour accompagner, agir ou résister selon les réactions de sa monture. Le cavalier reste en selle quelles que soient les circonstances et les réactions de sa monture.

G 3

La posture en équilibre assis

Une méthode plus que conseillée
(après avoir vérifié que l'ensemble du harnachement était correctement ajusté) :
1 - Mettez-vous en selle délicatement,
2 - Ressanglez,
3 - Ajustez vos étriers,
4 - Prenez la bonne posture d'équilibre assis.

Assis d'aplomb, confortablement installé en équilibre sur vos deux ischions (pointes osseuses des fesses), positionnez-vous au plus près du pommeau de la selle (le pubis pouvant être en contact très léger avec la naissance du pommeau de la selle).

Laissez vos jambes s'orienter convenablement : cuisses sur leur plat, libres, l'intérieur des mollets au contact, pointes des pieds tombant naturellement.

Chaussez les étriers en remontant vos pointes de pieds de l'extérieur vers l'intérieur pour les chausser correctement. Rappel : votre talon, une fois l'étrier chaussé, doit être un peu plus bas (sans excès), que vos orteils.

À cheval (avec ou sans selle), dès que vous êtes certain que vous êtes assis d'aplomb :

LE BAS DU CORPS

Vos articulations inférieures (de bas en haut : cheville, genou, hanche) doivent pouvoir fonctionner librement. Le genou est au contact, SANS JAMAIS SERRER.

LE BASSIN : L'ASSIETTE

- vérifiez que vous n'êtes pas trop assis « en arrière » par rapport à la selle ou au dos de votre monture (ni trop en avant, ce qui empêcherait votre rein de fonctionner correctement) ;
- grandissez-vous en redressant votre dos, sans raideur ;

LE HAUT DU CORPS

- votre buste est droit, tonique sans raideur,
- vos épaules sont relâchées,
- vos coudes sont à demi-ployés,
- vos poignets sont dans le prolongement des avant-bras,
- vos mains sont écartées de 15 à 20 cm, pouces en dessus.

Avoir une bonne posture

La posture du cavalier est la position qu'il peut prendre dans les mouvements et les allures.

La bonne posture est celle qui permet au cavalier d'être le plus en accord avec son cheval afin de pouvoir communiquer sans interférence.

Prendre une bonne posture

Pour mieux vous souvenir de la définition de la posture, voici un moyen mnémotechnique :

POSTURE, comme POSition adaptée au fonctionnement et à la locomotion (en parfaite connaissance de l'exercice à réaliser), de la monTURE.

La posture assise est celle qui correspond à l'équilibre assis en appui sur les fesses.

La posture sur les étriers est celle qui correspond à l'équilibre en appui sur les pieds.

La posture alternée est celle qui correspond à l'alternance des deux équilibres précédemment cités, posture que vous adoptez au trot enlevé ou au galop enlevé.

La bonne posture se situe dans votre compréhension de l'exercice à effectuer, et de vous lier au mieux avec la locomotion de votre monture.

Il n'y a donc de bonne posture que si vous restez sobre et calme.

Pour diriger avec précision, il est également indispensable que votre posture corresponde à l'exercice envisagé.

Au fur et à mesure de votre perfectionnement, vous deviendrez de plus en plus liant dans chaque posture, optimisant ainsi la gestion de la direction, de la vitesse et des équilibres de votre monture.

G 3

L'emploi des aides

Le poids du corps

L'assiette *est la qualité qui permet au cavalier de garder son équilibre en toutes circonstances et de communiquer avec son cheval. Toutes les demandes du cavalier passent par l'assiette et sont en quelque sorte encouragées et affinées par les jambes ou les mains.*

L'assiette est la place et le mouvement du bassin sur le dos du cheval.

Elle s'affinera au fur et à mesure de la vie du cavalier.

C'est par son intermédiaire que s'exercent les actions du poids du corps, des jambes et des mains.

Les aides ne se contrarient pas : elles se complètent. Les mains ou les jambes peuvent être utilisées seules. Ou encore une jambe seule va agir : une partie du corps est sollicitée sans que le reste du corps ne réagisse.

Les aides :

- *agissent* lorsqu'elles font une demande ;
- *résistent* (insistent) en maintenant ou renforçant la demande ;
- *cèdent* (cessent d'agir ou de résister) en revenant à une attitude de contact de base neutre dès que la monture a obéi correctement.

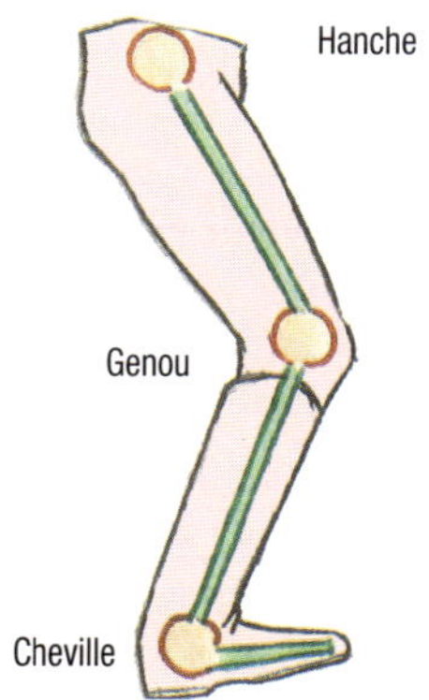

Les jambes

Elles doivent établir un contact moelleux avec la monture et intervenir précisément et sobrement.

C'est par le libre fonctionnement des trois articulations (hanche - genou - cheville) que la cuisse se tourne naturellement sur son plat et que le mollet vient au contact de la monture, sans serrer.

Les jambes agissent indépendamment l'une de l'autre avec des actions identiques (impulsion) ou différentes (incurvation, déplacement latéral, départ au galop...).

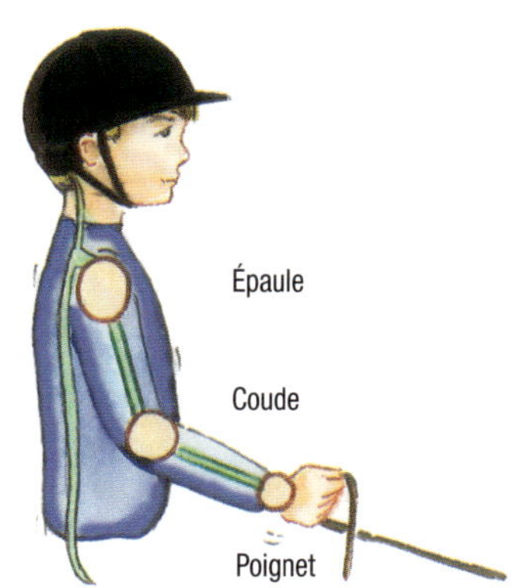

Les mains

À travers les rênes, les mains établissent un contact moelleux avec la bouche de la monture, interviennent précisément et sobrement.

C'est par le libre fonctionnement des trois articulations (épaule - coude - poignet) et par la souplesse des doigts que le cavalier établit un contact moelleux, sa monture tendant les rênes sous l'effet de l'impulsion.

De même que les jambes, les bras et les mains se ferment pour résister. Lorsque le cheval ou le poney obéit, ils s'ouvrent pour lui donner du confort : c'est ce que l'on appelle « céder »

L'accord des aides

C'est la faculté que possède le cavalier de coordonner efficacement et précisément l'action de plusieurs aides entre elles.

Le poids du corps, les jambes et les mains concourent à l'obtention du résultat escompté par le cavalier. En aucun cas ils ne se contrarient.

En fonction de la réponse de la monture à l'action des aides, le cavalier cède ou résiste.

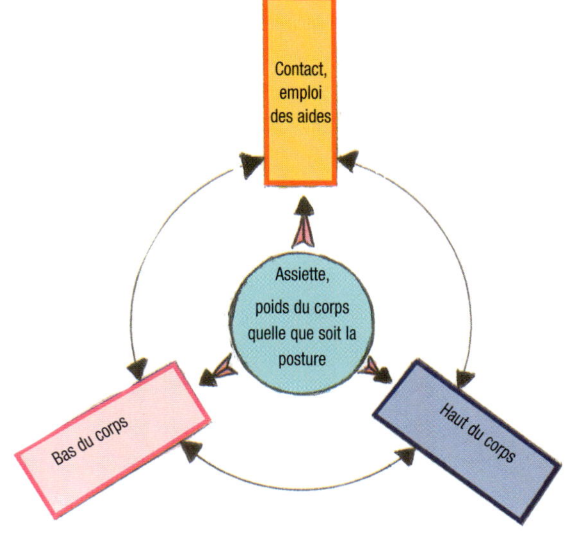

La faculté que possède le cavalier de dissocier ou combiner à volonté entre elles les actions de ses aides s'appelle **l'indépendance des aides**.

G 3

Ralentir - Accélérer - Les transitions

Dans une même allure, ou d'une allure à l'autre, vous décidez de la vitesse. Vous devez être stable dans votre équilibre et votre posture pour utiliser vos aides avec à-propos. Ces changements de vitesse dans l'allure ou ces changements d'allure se font à partir de la posture de base (assis) comme de celle d'équilibre sur les étriers. Ces variations de vitesses ou d'allures s'appellent des transitions. Une transition est simple et montante lorsque vous passez d'une allure à celle immédiatement supérieure, elle est simple et descendante lorsque vous passez à l'allure immédiatement inférieure. Vous devez être stable dans votre posture pour vous servir correctement de vos aides.

Ralentir dans l'allure.

Votre cheval ou votre poney va devoir diminuer la longueur de ses foulées (la plupart du temps).
Cessez d'accompagner l'allure avec votre bassin, redressez-vous en vous grandissant, fermez vos doigts sur les rênes en augmentant la tension mains-bouche. Gardez vos jambes au contact.
Dès que vous avez obtenu le ralentissement voulu, accompagnez à nouveau l'allure en maintenant la nouvelle vitesse.

G 3

Accélérer et ralentir aux trois allures

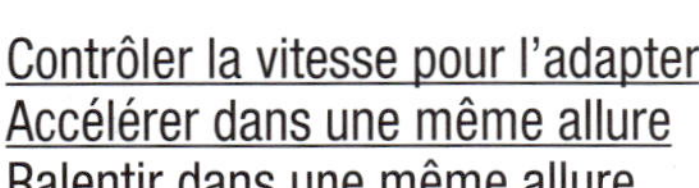

Contrôler la vitesse pour l'adapter
Accélérer dans une même allure
Ralentir dans une même allure

Changer d'allure : faire une transition d'allure

Un changement d'allure doit être franc, sans brusquerie, le poney ou cheval tendu et énergique.
Si votre monture résiste à l'action de vos jambes ou de vos mains, redemandez le mouvement en renforçant votre action et l'emploi de vos aides. Maîtrisez votre poids du corps (donc la place de votre centre de gravité) en évitant de vous pencher en avant ou en arrière. Maintenez toujours les talons sous vos fesses.

Comme toute demande, vous devez anticiper le mouvement en préparant votre monture à l'exercice attendu : soutenez votre dos, ralentissez le mouvement que vous exécutiez, votre monture doit se rendre disponible et cessez d'accompagner l'allure. Agissez dans les mains et dans les jambes de façon à obtenir la transition désirée. Ainsi, la nouvelle allure est obtenue à l'endroit désiré, vous l'accompagnez dès les premières foulées, sans vous opposer.

Accélérer dans l'allure

Votre cheval ou votre poney accélère en augmentant la longueur de sa foulée ou en augmentant le nombre de foulées.

C'est votre bassin qui demande en premier l'accélération : vous l'engagez vers l'avant pour obtenir une action impulsive de votre assiette. Vos mains s'avancent, sans perdre le contact avec la bouche et, si nécessaire, vous confirmez votre demande en fermant les jambes à la sangle. Un appel de langue peut aussi vous aider.

Les transitions d'une allure à une autre

Chaque allure ayant un mécanisme qui lui est propre, changer d'allure demande de la stabilité dans l'équilibre du cavalier. Vous devez préparer la transition bien avant de passer devant le repère choisi.

Les figures de manège

Ce sont des tracés codifiés que vous devez respecter, quelle que soit l'allure demandée et le lieu d'exécution (manège, carrière) précisés selon les lettres figurant sur le pourtour.

Un changement d'allure doit être franc, sans brusquerie, le poney ou cheval tendu et énergique. Si votre monture résiste à l'action de vos jambes ou de vos mains, redemandez le mouvement en renforçant votre action et l'emploi des aides. Évitez de vous pencher en avant ou en arrière. Maintenez toujours les talons sous vos fesses et gardez le contact avec sa bouche.
Préparez votre monture à l'exercice attendu : soutenez votre dos, contrôlez la vitesse de l'allure initiale (votre monture doit se rendre disponible) et cessez d'accompagner l'allure. Agissez dans les mains et dans les jambes de façon à obtenir la transition désirée. La nouvelle allure obtenue à l'endroit voulu, vous l'accompagnez dès les premières foulées, sans vous opposer.

Les figures sans changement de main

les doublers sans changement de main, dans la longueur ou dans la largeur,
Les cercles, les voltes,
Les serpentines trois ou cinq boucles.

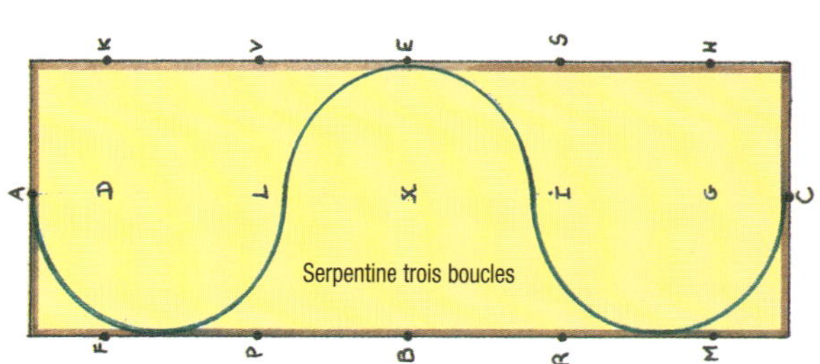

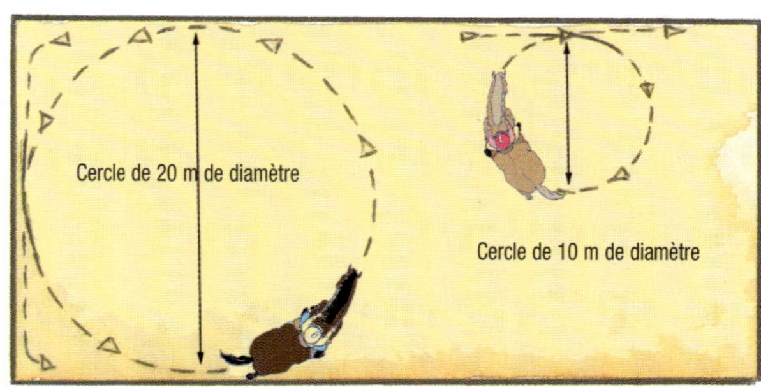

Les figures avec changement de main

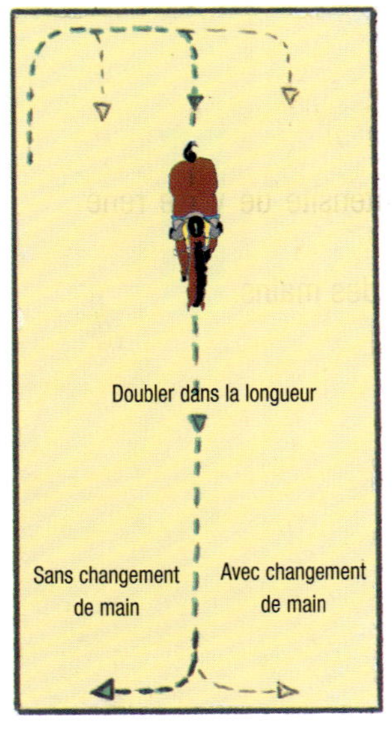

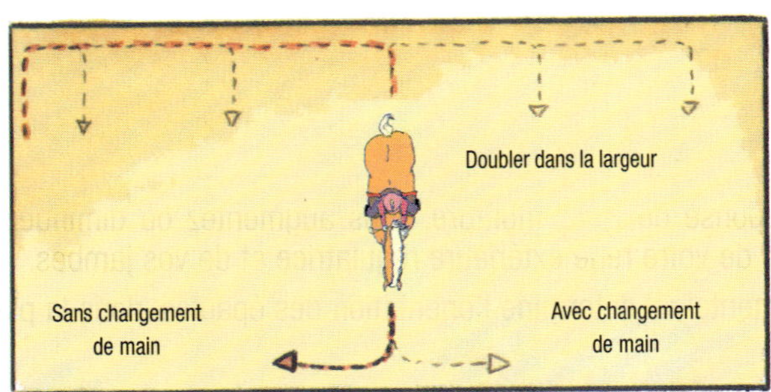

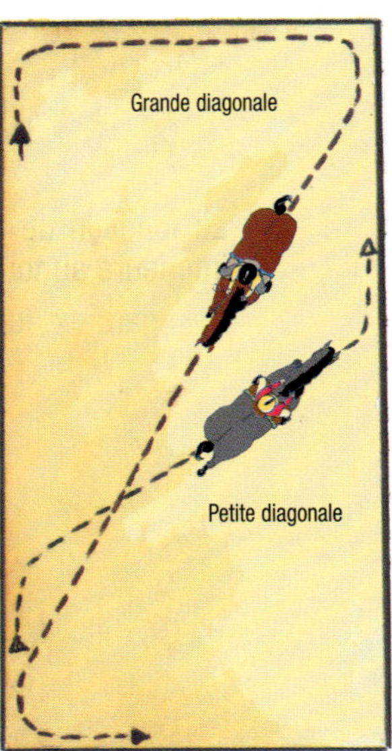

Les diagonales, les doublers avec changement de main,

La demi-volte :

C'est un demi-cercle suivi d'une oblique.

La demi-volte renversée

C'est une oblique suivie d'un demi-cercle.

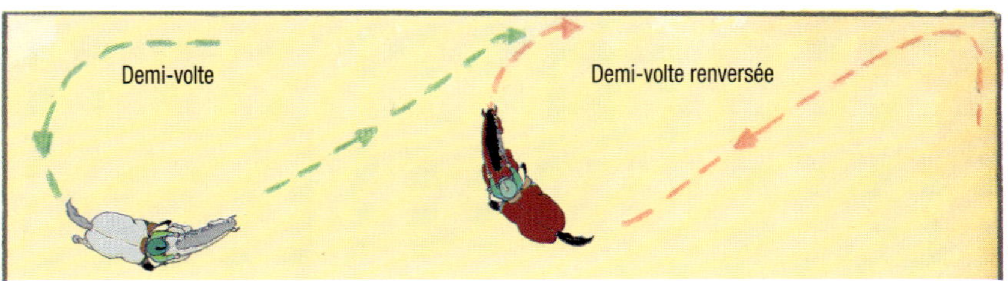

Les serpentines dont le nombre de boucles est pair imposent le changement de main.

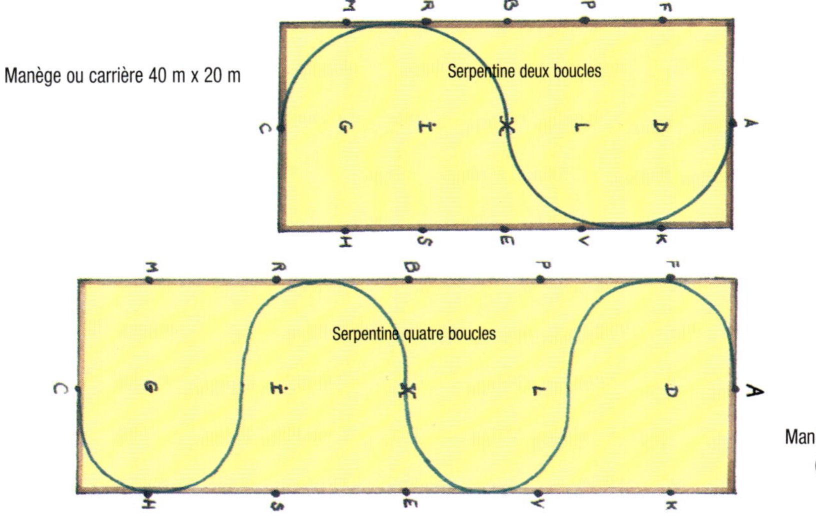

G 3

Tourner

Les aides du tourner

Vous écartez la main pour attirer le bout du nez dans la direction choisie, pendant que votre autre main se rapproche d'autant de l'encolure pour en limiter la flexion. L'action de vos jambes est fondamentale pour obtenir le changement de direction : il faut maintenir l'impulsion.

En fonction de la réponse de votre monture, vous augmentez ou diminuez l'intensité de votre rêne intérieure au tourner, de votre rêne extérieure régulatrice et de vos jambes.

Le regard est fondamental : il détermine l'orientation des épaules, donc la place des mains.

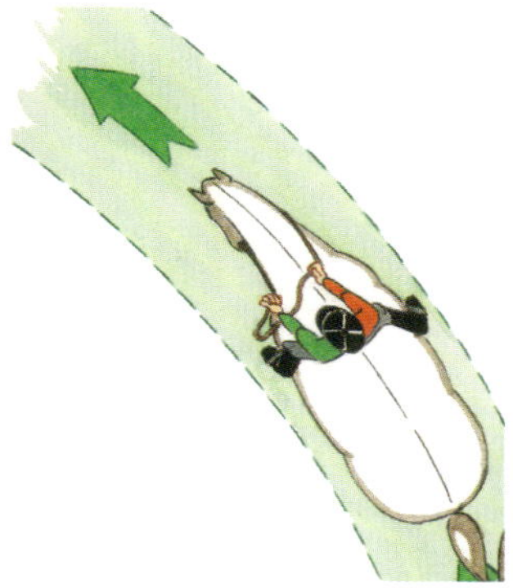

Si votre cheval ou poney « se couche » à l'intérieur de la courbe, augmentez l'action de votre jambe intérieure, en rapprochant, si nécessaire, votre main intérieure vers l'encolure de façon à ce que la rêne intérieure s'appuie en avant du garrot (sans oublier de décaler votre main extérieure pour conserver le couloir des rênes).

S'il agrandit la courbe, résistez dans vos aides (couloir des rênes, haut du corps) et augmentez l'impulsion dans vos jambes.

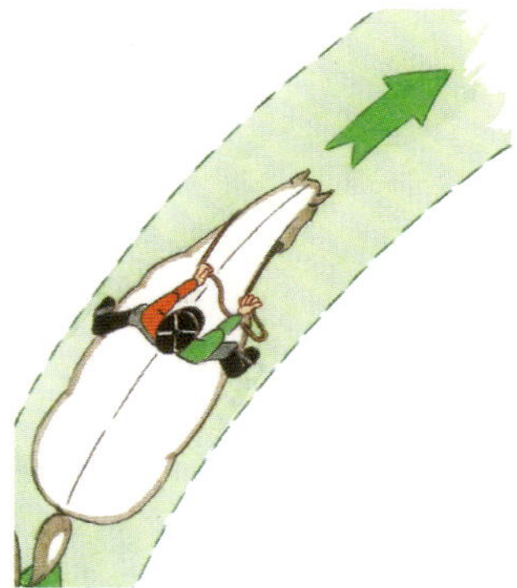

Notion de pli

Lors d'un tournant, le pli de l'encolure correspond progressivement à la courbe suivie.

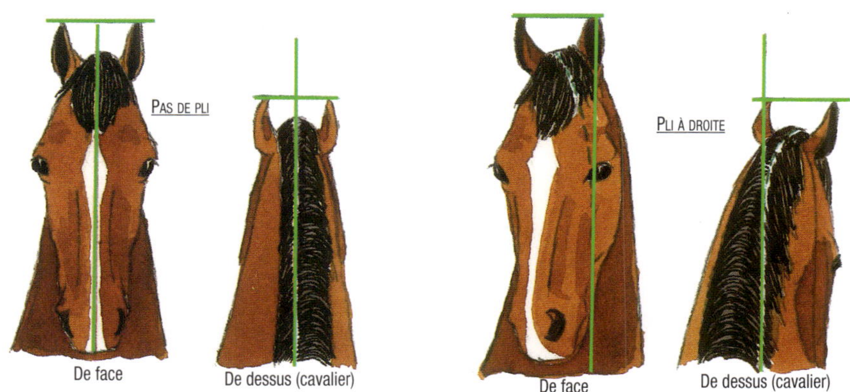

Quels que soient les problèmes rencontrés :
Veillez à maintenir l'impulsion, ayez des actions discontinues de vos aides, restez convenablement orienté et calme.

Votre cheval ou poney « tord exagérément son encolure » vers l'intérieur de la courbe : résistez en rêne extérieure tout en cédant dans votre rêne intérieure.

Il se met en pli externe (donc inverse à la courbe suivie) : cédez dans votre rêne extérieure, augmentez votre demande en rêne interne.

G 3

Départ au galop sur le pied choisi

C'est l'engagement suivi de la pose d'un postérieur qui permet au cheval ou au poney d'entamer le galop.
Votre attention se porte sur ce postérieur puisque c'est lui qui détermine le pied sur lequel votre monture prend le galop.

Pour prendre un départ au galop à droite :

Rappel du mécanisme :
Postérieur gauche - Diagonal gauche - Antérieur droit - Projection

Reculez votre jambe gauche en arrière de la sangle.

Maintenez votre jambe droite à la sangle.

Orientez légèrement le bout du nez de votre monture vers la droite avec la main droite (rêne intérieure).

Régulez l'orientation de la tête et de l'encolure avec la main gauche (rêne extérieure).

Agissez avec l'assiette d'arrière en avant et exercez une pression de la jambe gauche pour déclencher le galop.

Contrôlez la vitesse du pas ou du trot (ne laissez surtout pas votre monture précipiter l'allure).

Votre monture obéit en prenant le galop à droite. Cédez dans vos aides pour lui permettre de galoper, conservez votre attitude générale et accompagnez l'allure de vos aides.

L'accord de vos aides et l'assiette sont déterminants pour la réussite de l'exercice.

Jambe reculée gauche

Jambe droite à la sangle

Sur un cercle de 10 m de diamètre

Aidez-vous au début en marchant sur un cercle de 10 mètres de diamètre, et déclenchez votre demande de départ au galop lorsque vous rejoignez la piste : le pare-botte ou la lice freine votre monture qui s'équilibre mieux pour partir au galop sur le bon pied. Il en est de même pour l'entrée dans un coin.

Pour le galop à gauche, procédez de la même façon en inversant vos aides et la main à laquelle vous évoluez.

Votre monture ne part pas au galop ?
Contrôlez son obéissance à vos aides, et redemandez un départ en fin de cercle ou début de tournant.

Votre monture part sur le mauvais pied ?
Repassez au pas ou au trot et redemandez le départ.
Faites un appel de langue si nécessaire.

Galop à gauche

Contrôler le saut - Aborder correctement un obstacle

Dans l'attitude d'équilibre sur les étriers, vous devez contrôler l'allure et la vitesse, diriger votre monture vers le milieu de l'obstacle à franchir et contrôler la reprise de l'allure dès la réception.

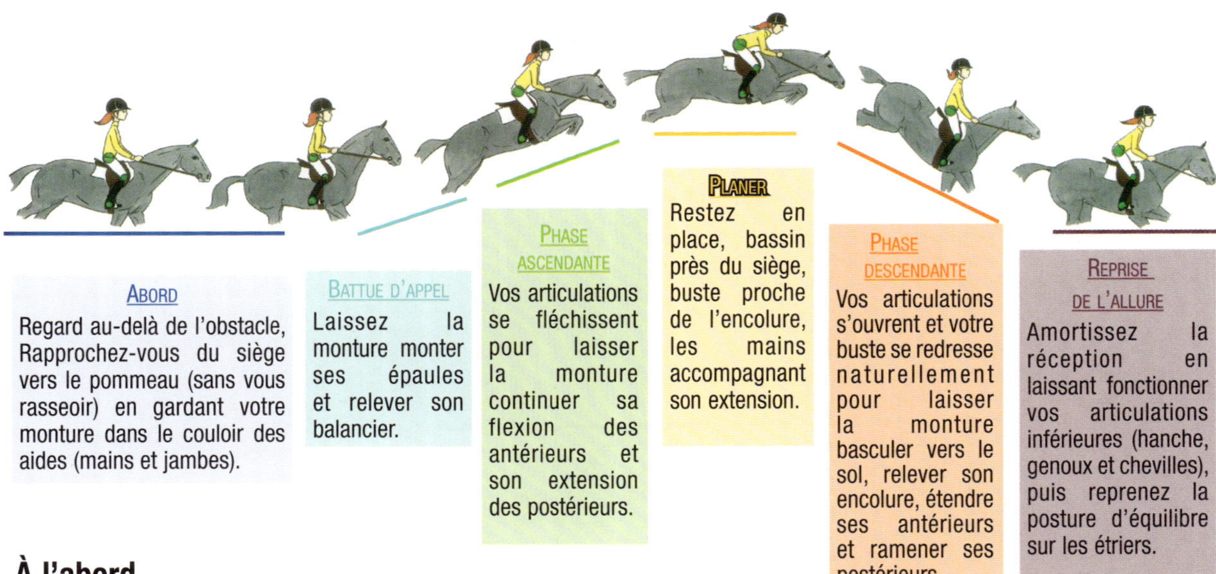

À l'abord

Vos jambes au contact, vous prévenez tout ralentissement ou changement d'allure en agissant si nécessaire, à la sangle.

Vos mains en contact avec la bouche de votre monture interdisent toute accélération et la conduisent perpendiculairement au milieu de l'obstacle.

Votre regard en direction de l'obstacle en garantit l'abord.

En approchant de l'obstacle, vos fesses se rapprochent du siège (sans vous asseoir, en fléchissant les genoux) par un léger redressement du buste, les doigts se décontractant sur les rênes sans les laisser se rallonger et en contrôlant la ligne droite par le couloir des deux rênes.

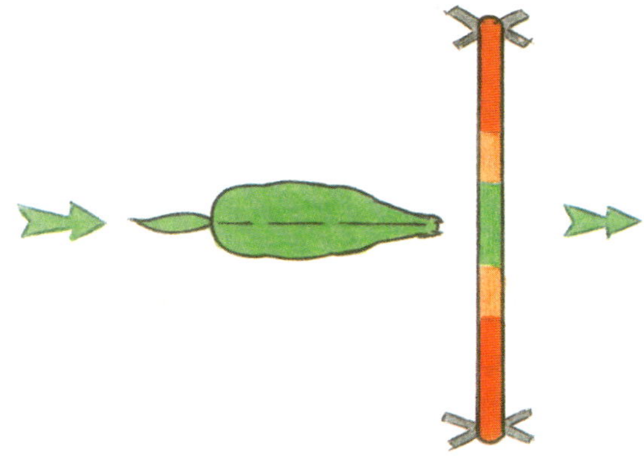

À la réception

Redressez-vous légèrement en vous rapprochant de la selle, regardez devant vous, conservez le tracé en ligne droite et entretenez ou augmentez l'impulsion.

Restez sobre dans vos interventions. Laissez votre monture fonctionner sous vous lors du saut. Ne vous jetez pas en avant ni ne vous rasseyez à l'abord.

Aborder un obstacle isolé

Préparation

Avant tout, vous devez avoir visualisé le tracé correct pour aborder dans les meilleures conditions cet obstacle isolé (d'environ 60 cm de haut). Sachez d'où vous partez et où vous voulez aller. Le regard est l'élément fondamental qui vous permet de franchir l'obstacle.

Cercle de préparation

Dans la position d'équilibre sur les étriers, votre monture étant dans le couloir de vos rênes et de vos jambes, faites un grand cercle pour l'installer dans un galop régulier et actif (en en contrôlant la vitesse).

Abord de l'obstacle isolé

Vous quittez le cercle dès que vous estimez que les paramètres sont requis : n'oubliez pas d'axer votre abord au centre de l'obstacle. Ne vous agitez pas et accompagnez le saut.

En approchant de l'obstacle, vos fesses se rapprochent du siège (sans vous asseoir, en fléchissant les genoux) par un léger redressement du buste, les doigts se décontractant sur les rênes sans les laisser se rallonger et en contrôlant la ligne droite par le couloir des deux rênes.

Réception de l'obstacle isolé

À la réception, redressez-vous légèrement en vous rapprochant de la selle, regardez devant vous, conservez le tracé en ligne droite en maintenant la même vitesse.

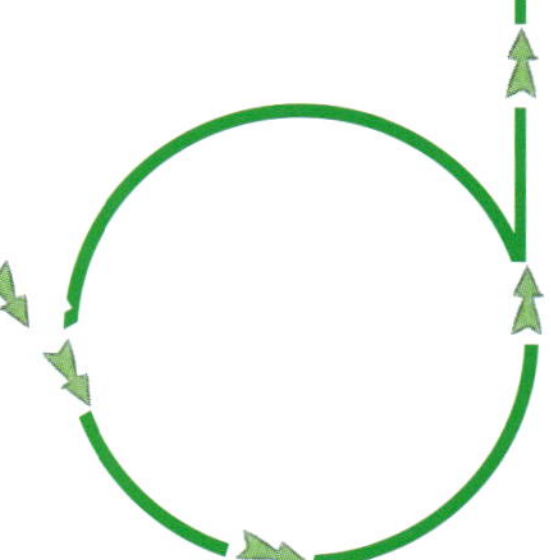

Continuez droit devant vous avant de réinstaller votre cheval ou poney sur un cercle où vous lui demanderez les transitions descendantes. Récompensez !!!

Enchaîner des sauts rapprochés (ligne de cavaletti)

<u>Enchaîner des sauts rapprochés en ligne</u>

Cet exercice a pour objectif de tester, d'évaluer et d'améliorer votre fonctionnement à l'obstacle, sans problème de conduite puisque les obstacles sont alignés les uns derrière les autres, à bonne distance. Pour votre monture, il vise à perfectionner ses gestes, son rythme et la régularité de ses foulées et de ses abords.

Les hauteurs des obstacles sont généralement plutôt faibles. Les obstacles sont séparés d'une à deux foulées, au gré de l'objectif poursuivi.
Un saut de puce (enchaînement de deux obstacles sans foulée intermédiaire) peut vous être proposé.
Vous devez veiller à maintenir votre monture droite dans la ligne en conservant le même rythme tout du long.

L'entrée dans la ligne détermine la réussite de l'exercice : axez votre abord du premier obstacle perpendiculairement et en son milieu en arrivant sur un tracé rectiligne, l'impulsion adaptée.
Conservez votre monture dans le couloir de vos aides (vitesse et impulsion) tout au long de la ligne et laissez-la fonctionner sous votre selle, sans la forcer.

Votre décontraction permet l'amortissement de chaque saut, et la ligne se déroule dans la fluidité.

G 3

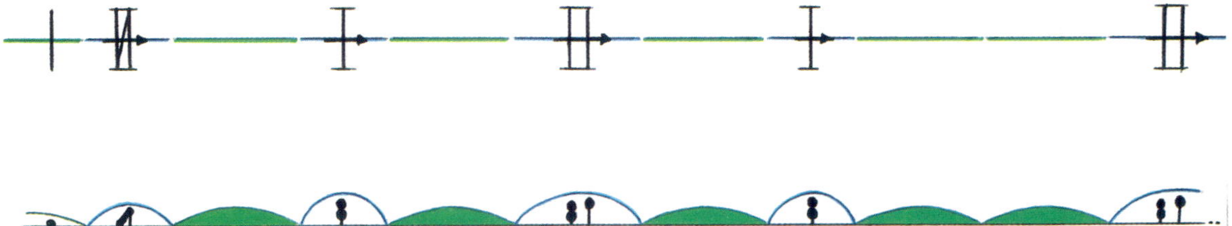

Ligne présentant une entrée pré-réglée d'une barre de réglage et d'un croisillon et composée de petits verticaux et oxers à une et deux foulées en alternance

L'entrée d'une ligne peut se faire au trot ou au galop. Quelle que soit l'allure, le premier saut peut être prédéterminé par une barre de réglage placée au sol à une distance convenant à la taille de votre monture et à l'allure demandée.

Enchaîner des obstacles isolés

PRÉPARATION

Vous devez avoir visualisé le tracé correct pour faire l'enchaînement d'obstacles isolés (50 cm) dans les conditions idéales.

PARCOURS

Prenez le galop du trot dans le premier coin. Utilisez le premier cercle pour obtenir un galop régulier, faites un bon passage de coin pour vous axer sur la première diagonale sur laquelle se situe l'obstacle N°1. Avant d'entrer dans le premier coin, repassez au trot pour demander un départ au galop à gauche (si ce n'est pas le cas), stabilisez l'allure sur le petit côté et dans le deuxième coin pour vous engager dans la deuxième diagonale. Après deux nouveaux passages de coin, franchissez le dernier obstacle en maintenant votre monture dans un galop et une vitesse adaptée. Utilisez votre deuxième cercle pour demander les transitions descendantes galop - trot - pas.

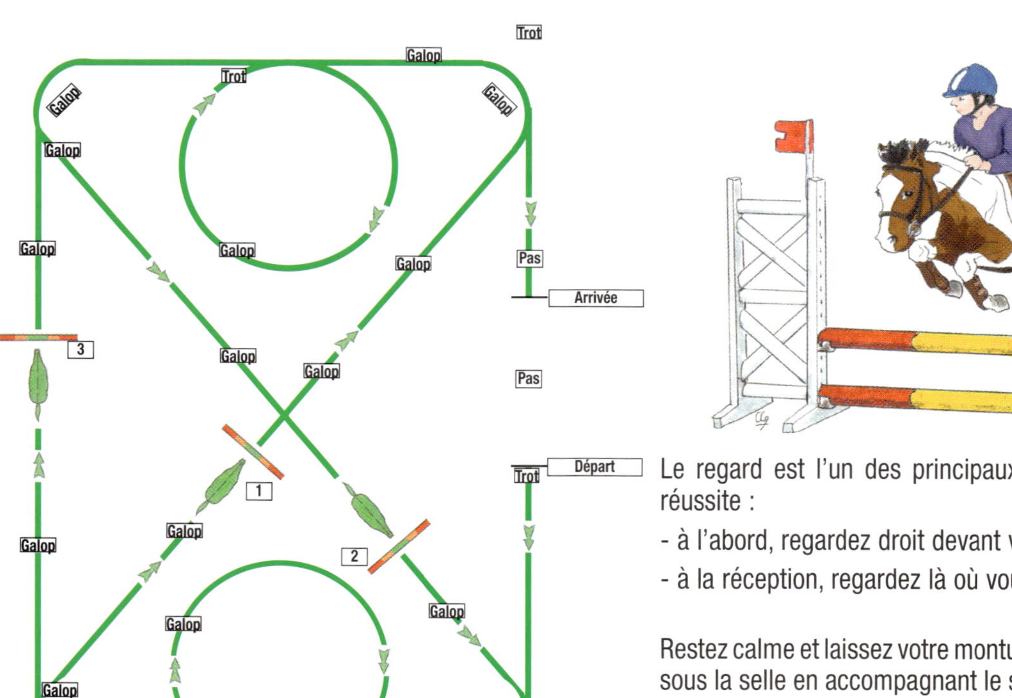

Le regard est l'un des principaux éléments de réussite :

- à l'abord, regardez droit devant vous,
- à la réception, regardez là où vous devez aller.

Restez calme et laissez votre monture fonctionner sous la selle en accompagnant le saut.

À chaque réception, adaptez vos aides de façon à contrôler l'allure et la direction en fonction de la réaction de la monture.

Chaque obstacle doit être franchi perpendiculairement et en son milieu.
Si votre monture galope à faux (sur le mauvais pied) ou désunie (elle galope à droite avec les antérieurs, mais à gauche avec les postérieurs, par exemple), repassez au trot et utilisez l'entrée dans un coin pour redemander votre départ au galop.

Le terrain varié

En promenade, il est préférable de trotter enlever et de galoper en équilibre sur les étriers pour ménager le dos de votre monture et vous éviter toute fatigue inutile. Les sorties se font encadrées par un enseignant.

SUR UN PLAN DESCENDANT

Dans la position d'équilibre assis, inclinez le buste vers la croupe en rallongeant légèrement les rênes, mais en gardant le contact avec la bouche de votre monture.

SUR UN PLAN ASCENDANT, SOUS DES BRANCHES BASSES OU EN FRANCHISSANT UN TRONC

Dans la position d'équilibre sur les étriers inclinez plus ou moins le buste vers l'avant en gardant le contact avec la bouche de votre monture. Vous pouvez vous aider en tenant une poignée de crin près du garrot.

Règles et comportement

Une promenade se fait en groupe de plusieurs cavaliers qui évoluent les uns derrière les autres, en file indienne, dans l'ordre déterminé par l'enseignant. Ce mode de fonctionnement vous impose le respect de certaines règles.

Règles vous concernant

Soyez attentif, conservez les deux rênes ajustées dans une main au moins, ne collez pas et ne vous éloignez pas du cavalier qui vous précède.

Règles concernant votre monture

Ne la laissez pas brouter car vous ne connaissez pas les plantes qui pourraient être dangereuses pour sa santé. De plus, vous vous éloignerez du couple qui vous précède, et l'instinct grégaire de votre monture prenant le dessus sur sa gourmandise, elle vous emmènera rejoindre le groupe au plus vite, sans prévenir...

Règles concernant le groupe

Conservez vos distances, la place qui vous a été attribuée au départ, place qui a été choisie en fonction des relations hiérarchiques et des affinités existant entre les divers chevaux et poneys.

Respectez l'allure imposée par l'enseignant, qui se justifie par la qualité des sols, les déclivités et l'état de fatigue de la cavalerie.

Transmettez les consignes et les informations à voix haute et claire pour que l'ensemble du groupe réagisse avec à-propos (cavalier en difficulté, arrivée d'un véhicule...).

Le code de la route

Un couple cavalier-cheval est assimilé à un véhicule. Vous devez respecter le code qui lui incombe (marcher à droite, céder les priorités, obéir aux panneaux de signalisation routière).

Règles concernant l'environnement

Respectez les cultures, plantations, espaces aménagés et propriétés privées.

Règles concernant les rencontres

Soyez gentil et courtois.

Ralentissez au pas voire jusqu'à l'arrêt en croisant des promeneurs que vous saluez.

Ralentissez lorsqu'ils vous précèdent avant de les dépasser en laissant une distance suffisante de sécurité entre eux et vous, prévenez-les et saluez-les.

Laissez la priorité si le chemin est peu praticable.

Mener en main... (voir aussi G2)

... Sur des courbes serrées au pas des deux côtés

Pour mener son cheval ou son poney en main, il est nécessaire de garder confiance, calme et respect.
Selon les circonstances, chaque cheval ou poney doit apprendre à être mené de plusieurs façons, le cavalier étant placé soit devant, soit à côté, et à des distances variables.
Le plus facile est de commencer en ligne droite au pas vous plaçant à hauteur du tiers inférieur de son encolure, en restant à une soixantaine de centimètres de son épaule. La longe est tenue à une vingtaine de centimètres sous sa tête.
De même qu'en selle, regardez là où vous voulez aller, déplacez-vous franchement.
Pour tourner, déplacez votre main qui tient la longe vers la direction choisie pour orienter sa tête.
Récompensez dès qu'il obéit.
Redemandez (avec des actions discontinues) s'il résiste. Récompensez dès la réussite.

... Et reculer de quelques pas en ligne droite

Face au cheval ou au poney, à partir d'un arrêt, levez la main qui tient la longe en avant avec l'ordre « recule » et des appels de langue, selon le code de dressage du cheval ou du poney.

Dès que le mouvement s'amorce, avancez en phase avec lui. Faites-le reculer de quelques pas, dans le calme, cessez de le solliciter, arrêtez-le et récompensez-le.

Vous obtiendrez un reculer en étant très proche, voire à son contact, au début. La distance qui vous sépare augmente avec vos niveaux d'expertises réciproques. L'apprentissage peut être déclenché avec une main sur le poitrail ou un stick appuyé sur ses avant-bras ou son poitrail.

Veillez à le faire reculer droit grâce à la position de son encolure.

... Et déplacer ses épaules ou ses hanches sur plusieurs pas

Ces exercices se font des deux côtés, à partir de l'arrêt :

<u>1 - Pour obtenir un déplacement des hanches, vers la droite :</u>

Placez-vous à gauche du cheval, amenez légèrement son bout du nez vers la gauche et faites pression avec la main droite sur sa hanche gauche : il pousse ses hanches vers la droite.

<u>2 - Pour obtenir un déplacement des épaules vers la droite :</u>
Placez-vous au niveau de l'encolure côté gauche et pour emmener l'épaule gauche vers la droite, sollicitez votre cheval par une pression physique sur son épaule, et sur la longe, si nécessaire.

(Pour le déplacement des hanches ou des épaules vers la gauche, vous êtes placé à sa droite, et procédez de la même façon, vos mains ayant les rôles inverses.)

Soyez progressif et peu exigeant, surtout au début, et sachez féliciter avec la voix et la caresse.

G 3

Veiller à son bien-être

Le cheval ou le poney doit apprendre à se comporter loin de son instinct naturel. C'est en comprenant que vous êtes son meneur voire son protecteur qu'il l'acceptera plus facilement.

C'est vous qui contrôlez tous les éléments qu'il avait plus ou moins facilement à disposition à l'état sauvage. Sa survie dépend de vous, et non plus de ses facultés instinctives.

Généreux et désintéressé, il pardonne facilement les erreurs humaines, mais souffre de la brutalité. Vous ne devez pas agir en prédateur, si vous ne voulez pas qu'il réagisse en proie.

Si la violence ou la contrainte amènent parfois des résultats, ceux-ci provoquent du stress et un mal-être du cheval ou du poney dont les conditions d'apprentissage ont été douloureuses.

Il est important de conserver une logique et une progression dans son apprentissage pour que le cheval ou le poney comprenne ce que vous attendez de lui. À partir de là, vous aurez sa confiance et son adhésion : vous êtes sa référence.

Assurer son bien-être

Votre monture nécessite que vous preniez soin d'elle, et ce dans tous ses besoins :

- alimentation équilibrée (nourriture adaptée et variée, eau propre à volonté),

- accès au pré avec abri, mode d'hébergement aéré, lumineux, régulièrement entretenu, où le contact avec ses congénères est possible sans risque,

- soins quotidiens (pansage qui permet l'inspection de l'état général de santé), et soins périodiques indispensables (vaccinations, vermifugations, soins dentaires...),

- une qualité et une quantité de travail adaptées à son état et au service attendu (ne jamais le laisser enfermé 24 heures sans sortir).

Identification de base

« L'identification, c'est vital et obligatoire. » (IFCE)
Pour être en règle, tout équidé doit être identifié puis enregistré et pucé.
L'identification c'est la réalisation d'un signalement, de la pose d'un transpondeur (puce électronique), et d'un enregistrement au SIRE (Système d'Information Relatif aux Equidés). La puce (transpondeur électronique) est implantée dans l'encolure du cheval ou du poney.

L'identification permet, entre autres de :

- certifier son identité lors de tout contrôle,
- éviter les amendes,
- disposer de la carte de propriété (carte d'immatriculation),
- le reconnaître en cas de vol,
- se déplacer en France et à l'étranger,
- le vendre,
- participer à des manifestations publiques ou officielles (ex. : compétitions sportives).

Signalement

Le sexe

Vous devez observer les organes génitaux (situés sous le ventre, entre les postérieurs et sous la queue).

Une femelle présente une vulve sous l'anus, et deux mamelles juste en avant des postérieurs, sous le ventre.

Un mâle présente un fourreau et sa verge, et deux testicules juste en avant des postérieurs, sous le ventre.

Un hongre (ou supposé hongre) est un mâle castré qui ne présente donc pas de testicule, il a conservé le fourreau et la verge.

La robe

Vous devez donner la couleur de la robe en quatre étapes : robe de base, mélanges de poils, panachures et adjonctions. Utilisez le nuancier pour mieux préciser votre observation.

Les marques

Toutes les marques (blanches ou autres, en tête, sur le corps et sur les jambes) doivent être repérées et localisées.

Les épis

Il en est de même pour les épis que vous décrivez soigneusement.

Le carnet

Le livret signalétique

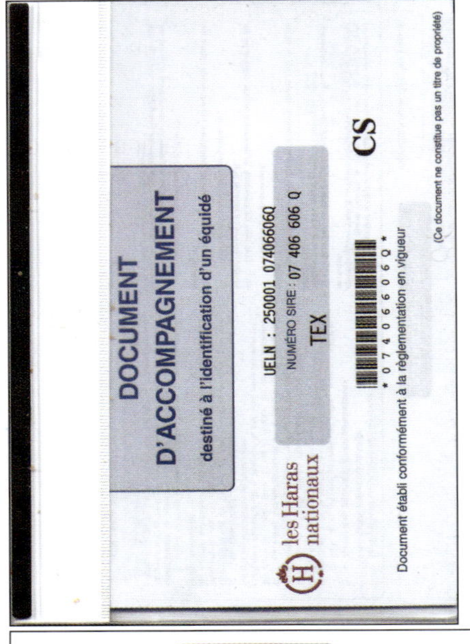

INSTRUCTIONS GÉNÉRALES

CERTIFICAT D'ORIGINE

N° SIRE : 07 406 606 Q — UELN : 250001 074066060Q

Nom - Name : TEX — Sexe - Sex : MALE — Robe - Colour : GRIS

Race - Breed : CHEVAL DE SELLE

Stud - Book : REGISTRE DU CHEVAL DE SELLE

Par : LOLIPAP, SFA — et : EYRA III, SFA — par : ROYAL ESTIVAUX, AA

Date de naissance (Date of foaling) : 25 AVRIL 2007

Lieu d'élevage - Place where bred : COUZEI Département : HAUTE-VIENNE Région : LIMOUSIN

Naisseur(s) - Breeder(s) : STE. CIVILE TEXONNIERAS

On identifie des chevaux depuis très longtemps et leurs propriétaires possèdent des papiers regroupés sous le nom de documents d'accompagnement.
Chaque année, la couleur du livret change. Ci-contre, le blanc indique que l'animal est né en 2007.

Une lettre de référence est également attribuée, lettre qui doit impérativement être l'initiale du nom donné à l'équidé né cette année-là.

Le système SIRE

Système d'Identification Répertoriant les Equidés. Il existe un fichier central informatisé depuis 1976 pour les chevaux au haras national de Pompadour en Corrèze. Chaque cheval possède donc un numéro de SIRE ou numéro d'immatriculation.

Le livret signalétique est la carte d'identité du cheval. La couverture du livret indique le numéro de SIRE, le nom, la race, la robe, le sexe et le code-barre de la puce (obligatoire depuis le 1er janvier 2008).

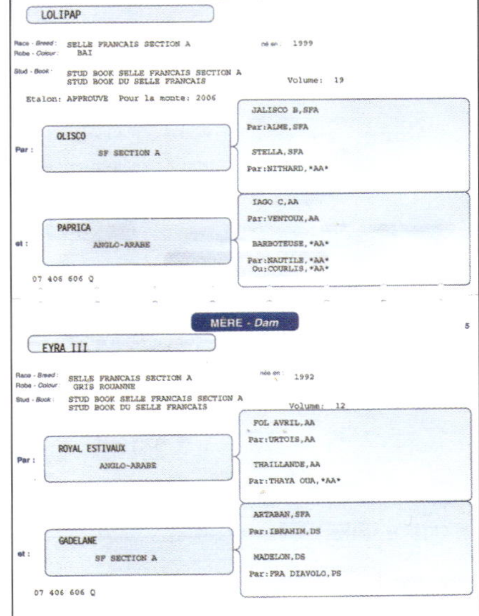

La double page suivante indique le nom du père, de la mère, leur date et lieu de naissance respectif et le nom du naisseur. On y trouve également la validation du certificat d'origine.

Celle d'après précise la généalogie du père et de la mère.

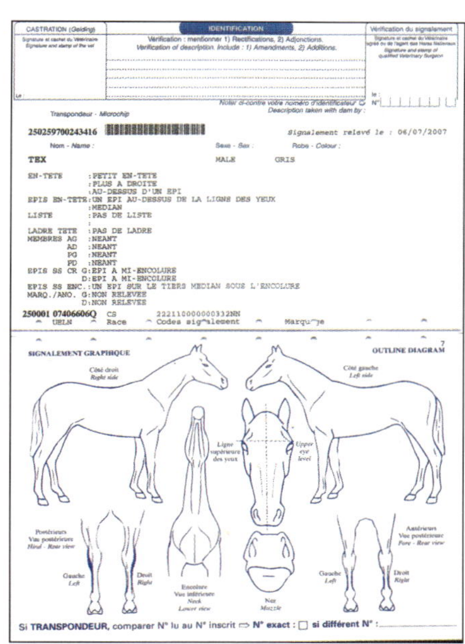

CASTRATION (Gelding)	IDENTIFICATION	Vérification du signalement
Signature et cachet du Vétérinaire Signature and stamp of the vet Le :	Vérification : mentionner 1) Rectifications, 2) Adjonctions. Verification of description. Include : 1) Amendments, 2) Additions.	Signature et cachet du Vétérinaire agréé ou de l'agent des Haras Nationaux Signature and stamp of qualified Veterinary Surgeon le : N°

Noter ci-contre votre numéro d'identificateur
Description taken with dam by :

Transpondeur - Microchip
250259700243416 Signalement relevé le : 06/07/2007

Nom - Name : TEX
Sexe - Sex : MALE
Robe - Colour : GRIS

EN-TETE : PETIT EN-TETE
: PLUS A DROITE
: AU-DESSUS D'UN EPI
EPIS EN-TETE : UN EPI AU-DESSUS DE LA LIGNE DES YEUX
: MEDIAN
LISTE : PAS DE LISTE
LADRE TETE : PAS DE LADRE
MEMBRES AG : NEANT
AD : NEANT
PG : NEANT
PD : NEANT
EPIS SS CR G : EPI A MI-ENCOLURE
D : EPI A MI-ENCOLURE
EPIS SS ENC. : UN EPI SUR LE TIERS MEDIAN SOUS L'ENCOLURE
MARQ./ANO. G : NON RELEVEE
D : NON RELEVEE

250001 07406606Q — UELN
CS — Race
22211000000332NN — Codes signalement
Marquage

SIGNALEMENT GRAPHIQUE — OUTLINE DIAGRAM 7

Si TRANSPONDEUR, comparer N° lu au N° inscrit ⇨ N° exact : ☐ si différent N° : ……………

Le signalement

C'est une description notée en rouge sur les schémas du cheval ou du poney. Il se fait sous la mère, c'est-à-dire avant le sevrage par un agent agréé.

La vérification du signalement se fait à partir de 18 mois par un vétérinaire agréé. Elle est obligatoire avant toute activité officielle.
La mention de castration apparaît pour les animaux hongres.
Ci-contre, l'équidé n'a pas fait l'objet d'une vérification (aucune annotation n'est portée sur les schémas).

Les pages sanitaires mentionnent les vaccinations avec les différents vaccins effectués chaque année.
Les vignettes, le cachet et la signature du vétérinaire sont obligatoires.
Des pages sont réservées pour les contrôles de médication, les visas administratifs et les contrôles d'identité.

FEUILLET DES VACCINATIONS NOM DE L'ANIMAL ______ 10

(à inscrire à la première vaccination)

Toute vaccination subie par l'animal doit être immédiatement inscrite par le Vétérinaire effectuant la vaccination, de façon lisible et précise, dans le cadre ci-dessous.
Every vaccination which the horse undergoes must be entered clearly and in detail by the Veterinary Surgeon on this sheet in the spaces provided below.

Vignette ou Nom du Vaccin et N° du Lot *Vignette or Name of the Vaccine and N° of the batch*	Maladies concernées *Prevented deseases*	Date précise (Jour, mois, année) *Detailled date (day, month, year)*	Lieu *Place*	Cachet ou Nom, Adresse du Vétérinaire *Stamp or Name, Address of the Veterinary Surgeon*	Signature manuscrite *Hand-written signature*
ProteqFlu-Te L230661 28/02-2009	G+T	07 12 07	[illegible]	Dr I. OUTEREEL Docteur Vétérinaire Tél. 5 02 17 52	
ProteqFlu-Te L230661 28/02-2009	G+T	07 01 08	[illegible]	Dr I. OUTEREEL Docteur Vétérinaire Tél. 5 02 17 52	
ProteqFlu-Te L252620 23/01-2010	G+T	23 12 08	[illegible]	Dr outereel I Vétérinaire - n° ordre 9093 Tél. : 5 55 02 17 52	

La carte d'immatriculation

Elle a pour but de suivre le cheval dans les différentes transactions dont il sera l'objet durant sa vie. Elle contient les noms des différents propriétaires et constitue donc présomption de propriété et non pas un titre de propriété pour le dernier propriétaire qui la possède.

Elle peut être désormais virtuelle et enregistrée sur l'espace personnel

G 4

Les treize robes de base

la famille des alezans : quatre robes

Les poils, les crins et les extrémités sont fauves, plus ou moins foncés, les yeux sont foncés.

la famille des bais : trois robes

Les poils sont gris ou fauves plus ou moins foncés, mais les crins, la peau, le bout du nez et des oreilles ainsi que les extrémités sont noirs. Les yeux sont foncés.

la famille des « autres » : quatre robes

Poils et crins variés.

la famille des noirs : deux robes

Les taches

G 4

Pratique équestre à pied

Pour tout travail à pied, « en main », vous devez porter une tenue adéquate qui ne comporte aucun élément dangereux (bague, boucles d'oreilles, écharpe flottante...), tels un pantalon souple, des chaussures protectrices et des gants.

COMMUNIQUER

Votre corps, votre voix, et les aides artificielles éventuelles doivent fonctionner selon un langage clair : c'est le code que vous établissez avec votre cheval ou votre poney. Un même code pour une même demande, c'est la clé de la réussite. Vos gestes, votre volume et vos intonations de voix, vos déplacements et votre fermeté douce lui permettent de vous comprendre, donc d'exécuter correctement les exercices demandés.

MARCHER AU PAS QUELQUES FOULÉES EN CONSERVANT UN CONTACT MOELLEUX

Vous devez mener en main en conservant un contact souple et ferme sur les deux rênes, la rêne extérieure passant au-dessus du tiers inférieur de l'encolure. Une certaine légèreté doit être laissée pour garder le contact avec la bouche tout en percevant les mouvements du cheval ou du poney.

Maintenir l'arrêt

Lors des changements de direction, vous êtes à l'extérieur afin que votre monture ne s'écarte pas du tracé, ni ne dérape.

Vous pouvez disposer d'un aide, auquel vous donnez les indications nécessaires, qui entretient l'allure avec sa chambrière.

Trotter en main sur des courbes larges et des lignes droites

Course énergique au trot

Placez-vous à hauteur de son épaule gauche, et déplacez-vous en fonction de l'allure sans tirer sur la longe ou les rênes. Il ne doit ni vous précéder, ni traîner en arrière.

Sur des courbes larges, placez-vous à l'extérieur de la courbe décrite pour éviter que le cheval ou poney ne cherche à agrandir le tracé.

Lorsque vous tournez à droite. Poussez légèrement l'épaule de votre cheval et avancez votre bras gauche pour l'orienter dans la direction choisie. Pour tourner à gauche ralentissez puisque vous êtes à l'intérieur et ramenez votre cheval vers vous tout en lui faisant respecter votre espace.

Franchir des embûches simples au pas

Le passage d'embûches telles la flaque, la bâche lourde, le plan incliné et la passerelle se fait avec un cheval ou un poney confiant et routinier à cet exercice.

Placez-vous à sa gauche à hauteur de son épaule en tenant la longe à environ trente centimètres de la tête, le flot de longe gardé dans la main gauche.

Avancez franchement vers l'embûche, sans tirer sur la longe ou ses rênes, le cheval ou le poney restant à votre côté.

Franchissement d'une passerelle en main

S'il hésite, laissez-le regarder ou sentir. Encouragez-le de la voix et précédez-le. Ne le bousculez pas, vous obtiendriez l'effet inverse.

Faites appel à un aide auquel vous donnez les consignes utiles, si nécessaire.

Dès obtention de l'exercice, récompensez largement de caresses.

Monter, descendre un pont d'embarquement

Faire venir le cheval vers soi

Le cheval ou le poney est une proie, il est d'un naturel méfiant. Toute surprise déclenche chez lui son instinct de fuite ; c'est pourquoi l'aborder et le faire venir vers soi demande autant de précautions que de techniques.

Capter l'attention du cheval est la première étape : on observe le regard du cheval et la confiance qui en découle : le cheval doit lever la tête et vous regarder avec des oreilles droites. Si au contraire le cheval tend à détourner son regard, la voix peut suffire à rappeler son attention et approchez-vous alors très progressivement.

Les oreilles du cheval ou du poney sont très mobiles et traduisent son état d'esprit quant à chaque situation.

Le principe de l'approche-retrait

Il permet de désamorcer le désir de fuite du cheval ou du poney lorsque vous vous approchez de lui. S'il fuit, arrêtez-vous, repartez en arrière et renouvelez autant de fois que nécessaire cette approche ; le cheval comprendra rapidement que votre présence ne doit plus l'inquiéter puisque vous partez avant qu'il ne fuit.

Il est recommandé de renforcer cette démarche par la voix, la caresse et des friandises.

Lorsque le cheval ou le poney vient vers vous, une récompense alimentaire est donnée avec des caresses encourageantes. Vous êtes alors un ami et non plus un prédateur et il viendra avec confiance et respect.

G 4

Obtenir une flexion latérale de l'encolure des deux côtés

Sans résistance, le cheval doit donner sa tête avec décontraction à la main du cavalier par l'intermédiaire de la longe, puis d'une seule rêne.

Avec une monture peu habituée à cet exercice, n'hésitez pas à utiliser un aide qui conforte votre demande en appuyant doucement votre main sur l'encolure du côté opposé. Le cheval ou le poney cède alors aux deux actions simultanées de la traction sur la longe et de la pression sur son encolure.

Placez-vous à hauteur de la sangle, le corps orienté dans la même direction que le cheval ou poney.

Tendez la longe (plus tard la rêne) très progressivement et très doucement.

Dès qu'il répond positivement sans résistance, relâchez et récompensez.

Vous augmentez l'amplitude de la flexion au fur et à mesure de vos progrès respectifs.

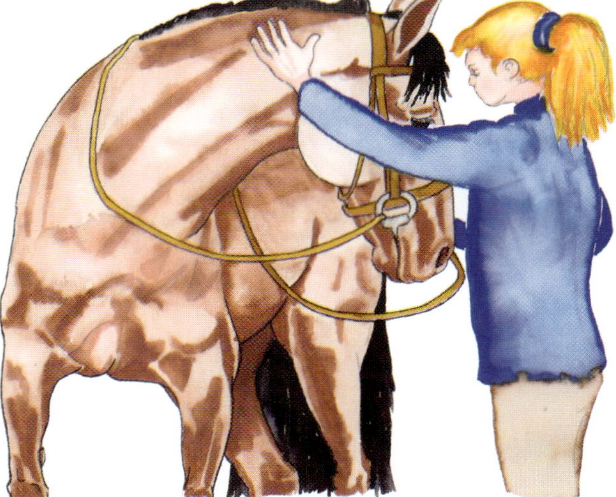

Bien évidemment, afin de respecter la symétrie de cet assouplissement, vous demandez la flexion latérale de l'encolure des deux côtés.

Sachez qu'en général, la plupart des chevaux ou poneys sont moins souples du côté où la crinière tombe (eh oui, les chevaux et poneys sont comme les humains, plutôt droitiers...).

Reculer

Face au cheval ou au poney, à partir d'un arrêt, levez la main qui tient la longe en avant avec l'ordre « recule » ou « en arrière » et des appels de langue, selon le code de dressage du cheval ou du poney.

Dès que le mouvement s'amorce, avancez en phase avec lui. Faites-le reculer de quelques pas, dans le calme, cessez de le solliciter, arrêtez-le et récompensez-le.

Vous obtiendrez un reculer en étant très proche, presqu'à son contact, au début. La distance qui vous sépare augmente avec vos expériences réciproques. L'apprentissage peut être déclenché avec une main sur le poitrail ou un stick appuyé sur ses avant-bras ou son poitrail.

Veillez à le faire reculer droit grâce à la position de son encolure.

Les mors usuels

Le mors de filet est un mors simple.
Le filet est le harnachement (avec ou sans mors).

Un mors simple agit sur la commissure des lèvres comme élévateur.

Un mors équipé d'une gourmette agit en levier sur la langue et le maxillaire inférieur : effet abaisseur.

Le filet est l'embouchure la plus simple et douce, surtout si ses canons sont gros. Il agit sur la commissure des lèvres, la langue et les barres.

Les filets équipés de branches (Aiguilles, Verdun) ou de demi-branches (Baucher) sont plus précis dans leur emploi, car ils maintiennent le mors en place dans la bouche lors du tourner.

Les canons peuvent être en acier, en résine, recouverts de cuir ou de caoutchouc, ou encore de cuivre et de laiton.

Chaque mors doit être adapté à la bouche de la monture en type, taille et texture.

Le filet (harnachement) doit être correctement réglé à la tête.

Les mors de filet

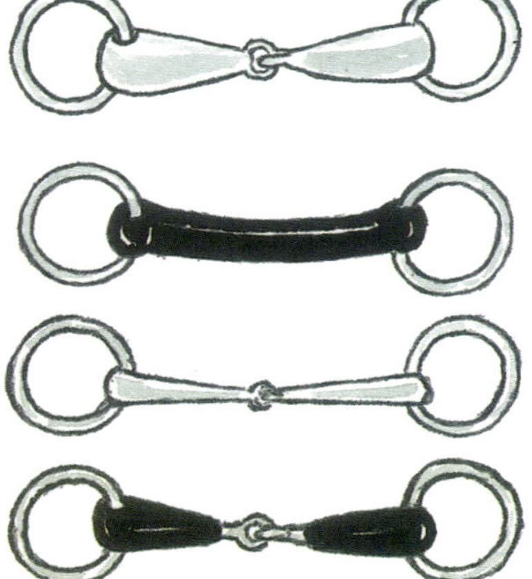

Ci-dessus, les mors de filet simples, de haut en bas :
- à gros canon,
- en caoutchouc sans brisure,
- très fin à une brisure,
- fin, en caoutchouc, à une brisure

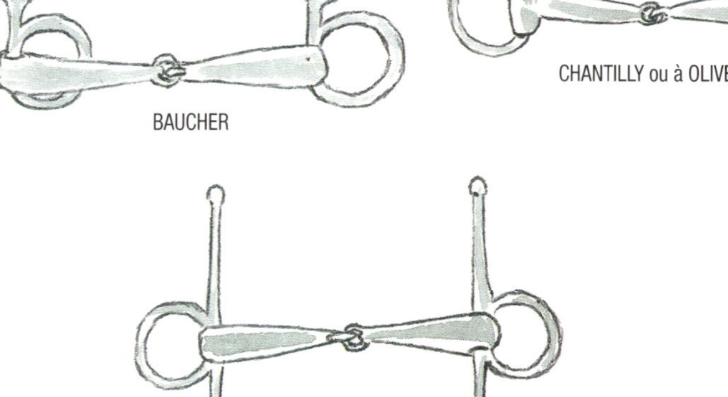

AIGUILLES : fréquemment utilisé dans le travail à la longe

Embouchure à double brisure

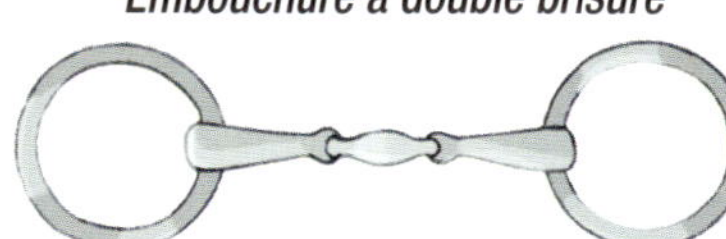

G 4

Inspecter et soigner les membres

Un cheval ou un poney en bonne santé présente l'œil vif, l'attention éveillée, la membrane de l'œil rose, l'appétit satisfaisant, le rein souple.
Le cheval malade a une ou plusieurs fonctions troublées, il est indifférent, triste ou au contraire très agité, ne mange pas, sa température est supérieure à 38°5.
L'hygiène est l'ensemble des mesures d'entretien, de soins et de préventions qui vont assurer la bonne santé d'un cheval ou d'un poney.
Ces mesures s'appliquent dans le logement, le pansage, l'alimentation, le travail, la prévention vétérinaire.

Les soins avant, pendant et après le travail

La connaissance et la surveillance de votre cheval sont indispensables pour garantir sa bonne santé et la longévité.
Un examen général si possible quotidien vous permet de déceler son état de santé : allure générale, réactivité, appétit, état du poil, des tendons, traces de blessures, forme et couleur des crottins, état du box et de l'abreuvoir.

Le matériel de protection doit toujours être impeccable. Une guêtre avec un peu de sable à l'intérieur peut être pire que sans protection du tout.
Un cheval au box doit sortir tous les jours, même si un ou deux jours dans la semaine la sortie se résume à un séjour au paddock.

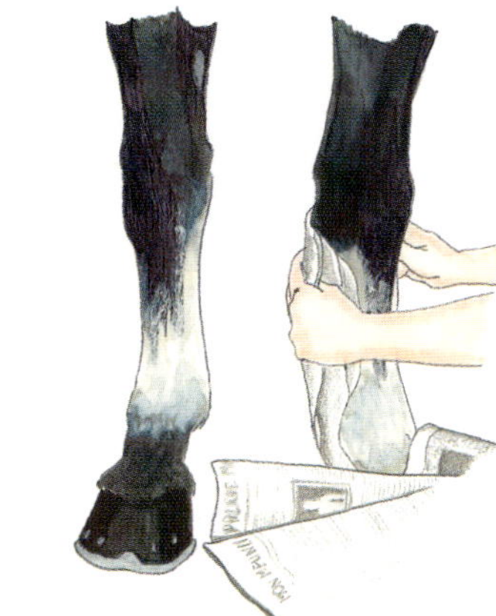

Après un effort très important, pose d'antiphlogistine tiédie au bain-marie, appliquée directement sur les tendons et recouverte de papier journal et de bandes de repos.

La régularité du travail et l'adaptation de l'alimentation étudiées avec soin peuvent éviter bien des problèmes de santé : moins de grains et plus de foin si le cheval ne travaille pas beaucoup ou s'il est arrêté, des mashes fréquents et un travail équilibré.

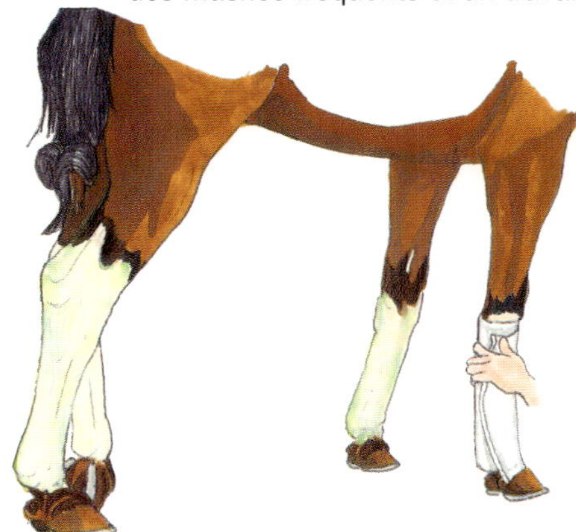

Après un gros travail, pose de poudre armoricaine (terre humide étalée à même les membres) recouverte de coton et de bandes de repos.

L'alternance du travail, les séances de promenade et la variété des sorties font partie de l'hygiène générale du cheval. Après un gros travail, douchez les membres et posez des bandes de repos avec de l'eau blanche, de la poudre armoricaine ou de l'argile antiphlogistique. Tous les produits s'enlèvent et se changent le lendemain à l'aide d'une douche à jet doux le long des membres.
Séchez toujours les membres avec un chiffon.

En cas de crevasses, lavez et éliminez les croûtes avec de l'eau savonneuse et enduisez les plaies de vaseline ou d'une préparation cicatrisante.

Les pieds sont graissés régulièrement. Si les fourchettes sont pourries, soignez-les avec du coton imbibé de liqueur de Vilatte.

Explorer les tendons

L'exploration des tendons se fait pied posé et pied levé. Passez la main le long des tendons et des articulations pour détecter toute déformation et chaleur anormale, palpez les tendons pour en évaluer l'élasticité et/ou repérer une grosseur anormale.

Poser des protections de travail

Ce sont des harnachements qui servent à protéger les membres du cheval ou du poney lorsqu'il travaille monté ou longé, contre des chocs éventuels.

Les protections de travail vont toujours par paire.

Elles doivent être nettoyées avec soin après chaque utilisation.

<u>Les guêtres</u>

Quel que soit le modèle, pour les mettre en place, fermez la boucle du milieu, celle du bas puis celle du haut, sans trop serrer.

Elles sont posées aux membres antérieurs, mais existent aussi pour les postérieurs.

Guêtre gauche fermée
(système auto-agrippant)

Guêtre fermée
(antérieur droit)
système à boucles

Guêtre ouverte gauche
(vue interne)

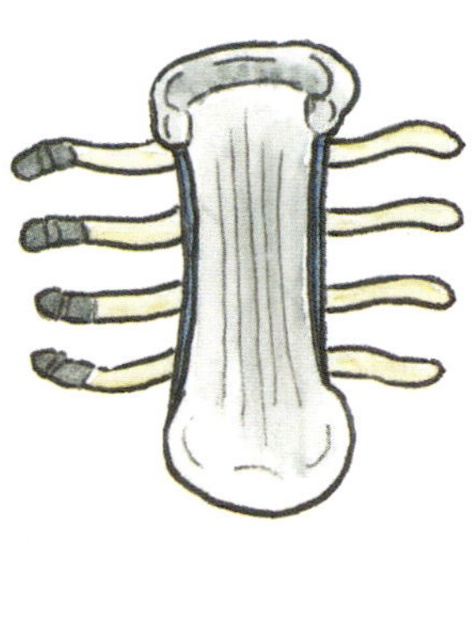

Elles protègent la face antérieure des tendons si elles sont du modèle « guêtre fermée ».

Membres antérieurs

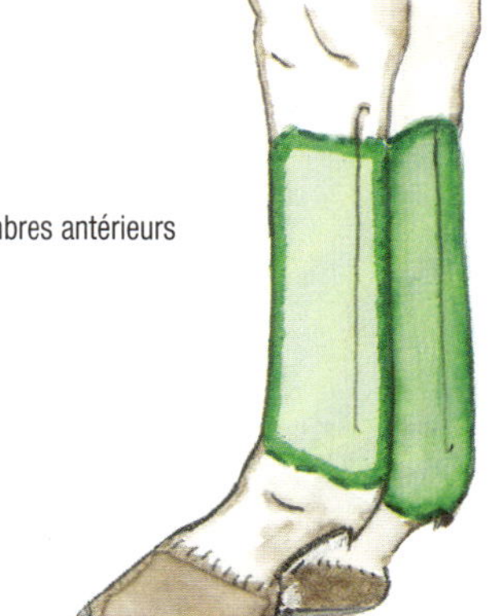

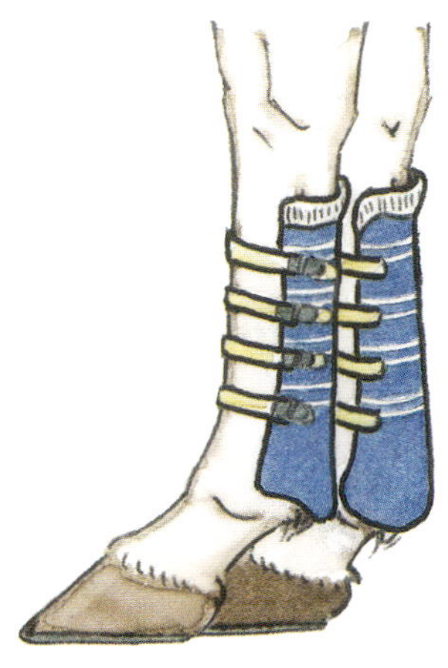

Membres antérieurs

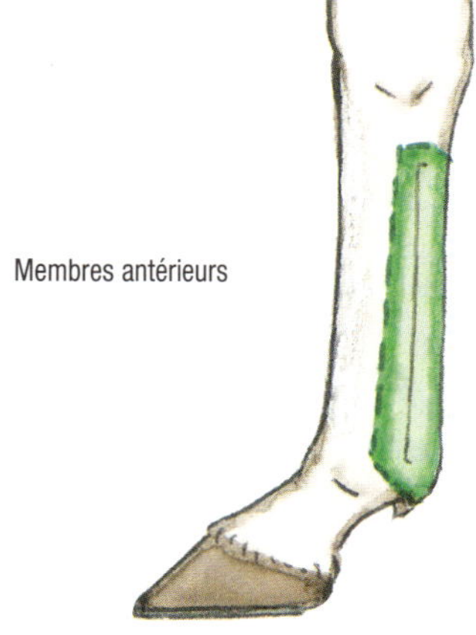

Si elles sont du type « ouvertes », elles ne protègent que les tendons.

LES PROTÈGE-BOULETS

Fermez-les à mi-canon et laissez-les se placer naturellement sur le boulet.

Ils sont posés pour protéger la face interne des boulets aux membres postérieurs uniquement. Ils sont en cuir ou en plastique, simple ou double face.

Protège-boulet en plastique simple face

Protège-boulet en cuir double face

Lorsque vous posez des guêtres ou des protège-boulets, les boucles doivent se fermer sur les faces latérales externes des membres, les lanières étant dirigées vers l'arrière.

LES CLOCHES

Fermées ou ouvertes, elles se posent le plus souvent aux membres antérieurs, et parfois aux postérieurs. Elles protègent le périople, la couronne et les glômes du pied.

En caoutchouc, elles se nettoient à grande eau.

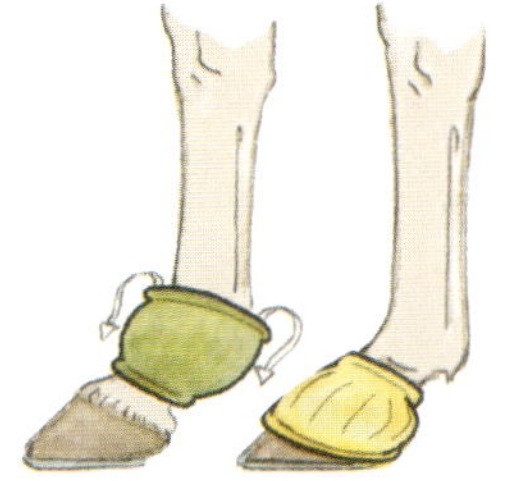

Mettre / enlever une chemise ou une couverture

Votre cheval ou votre poney doit avoir été pansé avant de mettre une couverture ou une chemise.

Préparez la couverture ou la chemise (dont vous vérifiez qu'elle est propre) en la repliant trois fois sur elle-même de façon à ce qu'elle se déplie dans le bon sens vers l'avant puis vers l'arrière.

Placez-vous à la gauche du poney ou du cheval attaché avec son licol et sa longe, et soulevez la couverture suffisamment haut pour pouvoir la poser sur son dos.

Dépliez-la vers l'avant pour recouvrir le garrot, et vers l'arrière pour recouvrir rein et croupe.
Vérifiez, en passant du côté droit, que les sangles sont correctement descendues.
Bouclez les sangles de poitrail, puis les sous-ventrières (qui doivent se croiser), et enfin celles des cuisses.

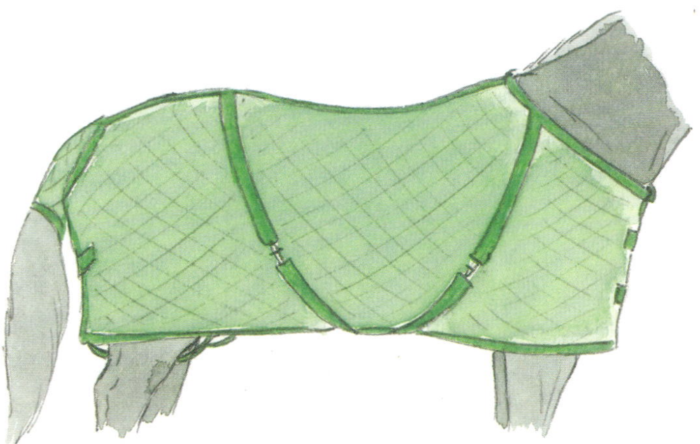

S'il y a un fourreau de queue, fermez-le avec ses attaches auto-agrippantes.

Pour enlever la couverture ou la chemise, procédez exactement dans l'ordre contraire, toujours en ayant attaché votre cheval ou poney.

Si elle est mouillée et/ou sale, faites-la sécher, brossez-la (ou demandez à ce qu'elle soit lavée) avant de la replier pour la ranger.

Que vous mettiez ou enleviez une couverture ou une chemise, vos gestes doivent être doux et sans brusquerie.

Les protections de transport

Le transport d'un cheval ou d'un poney oblige la pose de protections de transport.

En fonction de la température, posez une couverture ou une chemise de transport maintenue en place par un surfaix à pont posé sur un padd.

Protégez les quatre membres avec des guêtres de transport. Les modèles les plus hauts ont l'avantage de protéger les boulets, les genoux et les jarrets.

Si vous n'en avez pas à disposition, posez des bandes de repos aux canons et protégez les genoux avec des genouillères.

Posez des cloches pour protéger les glômes et les couronnes.

Protégez la nuque par un rembourrage appelé protège-nuque qui se fixe sur le dessus de tête du licol, si le véhicule de transport le nécessite.

Protégez le haut de la queue, appelé **couard**, soit avec une bande élastique, soit avec le fourreau de queue.

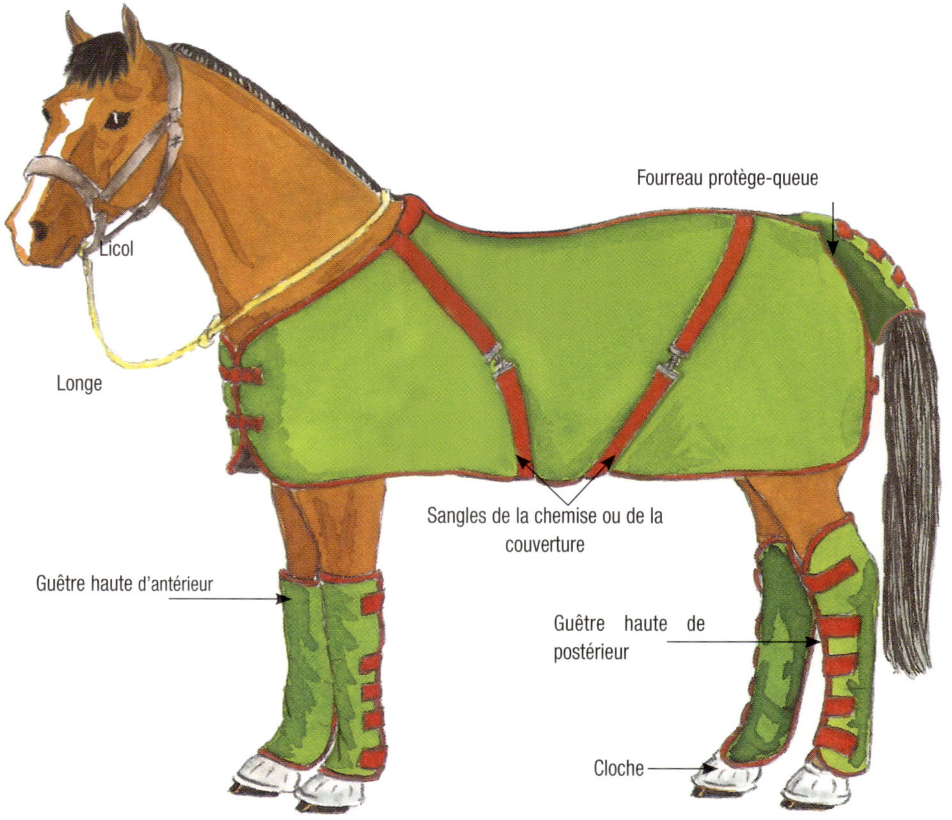

<u>Le véhicule de transport</u>

Appelé **van**, il peut être attelé (remorque d'une à quatre places) ou être un camion de deux places et plus.

Ce véhicule est équipé d'un plan incliné appelé pont pour embarquer ou débarquer et de bat-flanc (séparation rembourrée). Le sol est antidérapant.

Notions des différents équilibres

L'équilibre naturel d'un cheval ou d'un poney est modifié par la présence du cavalier. Contrôler l'équilibre général du poney ou du cheval, c'est contrôler son équilibre longitudinal et son équilibre latéral, en ligne droite et en courbe, quelle que soit l'allure.

L'équilibre longitudinal

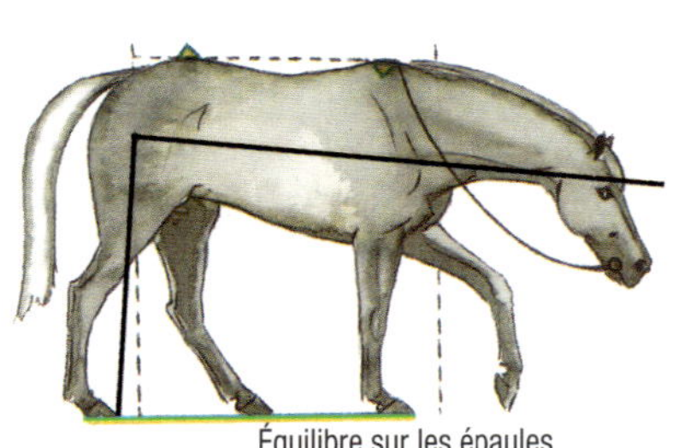

Équilibre sur les épaules

Il est défini par la répartition de poids entre l'avant-main et l'arrière-main. Il dépend de la hauteur du balancier tête/encolure, de l'engagement des postérieurs lié à l'impulsion et à la tonicité musculaire. Ci-contre, à gauche, un cheval en équilibre sur les épaules, attitude naturelle du cheval ou du poney, puisque son avant-main est plus lourde que son arrière-main.

Équilibre sur les hanches

L'équilibre horizontal est un équilibre intermédiaire qui permet de passer de l'équilibre sur les épaules à celui sur les hanches. L'équilibre sur les hanches est recherché dans la plupart des activités équestres.

L'équilibre latéral

Il est défini par la répartition de poids entre le latéral droit et le latéral gauche du cheval ou du poney et la place de son centre de gravité.

SUR UNE COURBE À DROITE

Vert : répartition symétrique de poids sur les deux bipèdes latéraux

Rouge : report de poids sur le bipède latéral gauche, poney ou cheval qui se couche dans la courbe

Violet : report de poids sur le bipède latéral droit, poney ou cheval qui chasse ses hanches à l'extérieur de la courbe

Communiquer - L'accord des aides

L'ACCORD DES AIDES est obtenu à travers l'indépendance des aides. Coordonner les différentes actions optimise le résultat, tant en efficacité qu'en rapidité d'exécution. Les actions des aides ne doivent pas s'opposer ni se contredire.

Le contact

Il permet la communication entre le cavalier et sa monture : transmettre des demandes, ressentir les réactions et réagir en fonction de celles-ci.

La qualité du contact dépend du niveau d'expertise du cavalier et du degré de dressage de sa monture.

> Le contact est l'ensemble des informations transmises et reçues que vous entretenez avec votre monture afin de créer une communication codifiée que l'on appelle le langage des aides.

LE POIDS DU CORPS

L'assiette *est la qualité qui permet au cavalier de garder son équilibre en toutes circonstances.*

C'est par son intermédiaire que s'exercent les actions du poids du corps, des jambes et des mains.

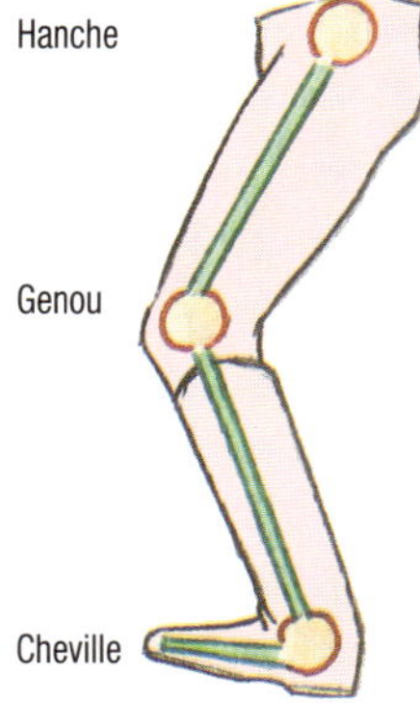

L'ASSIETTE

C'est le contact et le mouvement du bassin du cavalier sur le dos du cheval ou du poney. Elle se développe et s'améliore tout au long de la vie du cavalier. C'est le point de départ de la communication entre le cavalier et sa monture.

LES JAMBES

Elles doivent établir un contact moelleux avec la monture et intervenir précisément et sobrement.

C'est par le libre fonctionnement des trois articulations (hanche - genou - cheville) que la cuisse se tourne naturellement sur son plat et que le mollet vient au contact de la monture, sans serrer.

Les jambes agissent indépendamment l'une de l'autre avec des actions identiques (impulsion) ou différentes (incurvation, déplacement latéral, départ au galop...).

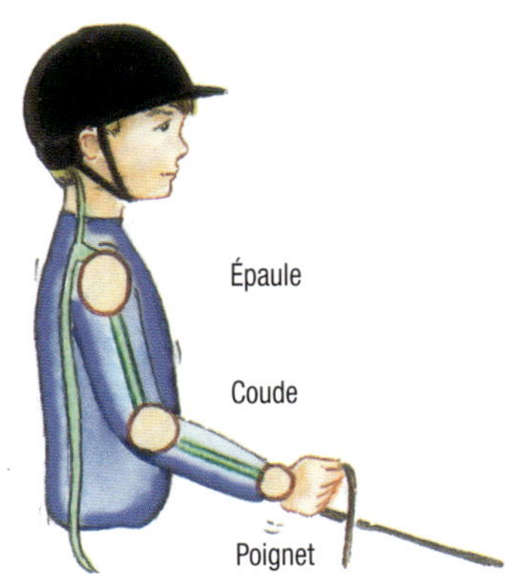

Les mains

À travers les rênes, les mains établissent un contact moelleux avec la bouche de la monture, interviennent précisément et sobrement.

C'est par le libre fonctionnement des trois articulations (épaule - coude - poignet) et par la souplesse des doigts que le cavalier établit un contact moelleux, sa monture tendant les rênes sous l'effet de l'impulsion.

Le contact doit être léger et permanent, le cheval restant disponible aux demandes du cavalier.

De même que les jambes, les mains agissent indépendamment l'une de l'autre avec des actions identiques (impulsion) ou différentes (incurvation, déplacement latéral, départ au galop...).

Si les doigts s'ouvrent les rênes se rallongent, l'encolure s'étend mais le cheval n'accélère pas.

Si les mains s'avancent pendant quelques foulées (ou une seule, pour caresser, par exemple), le cheval ne change pas son attitude ni sa vitesse.

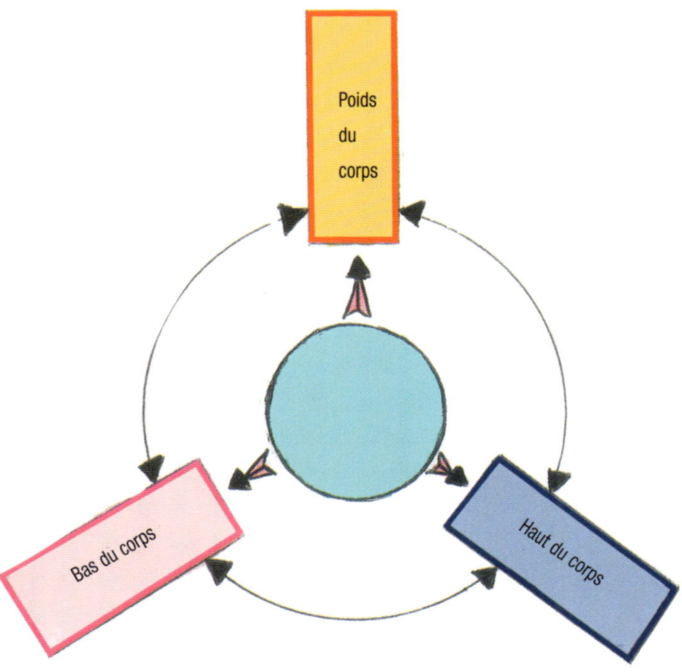

L'emploi des aides

C'est la qualité que possède le cavalier de dissocier ou combiner à volonté entre elles les actions de ses aides. C'est **l'indépendance des aides**.

Les aides ne se contrarient pas : elles se complètent.

Les aides :

- *agissent* lorsqu'elles font une demande ;
- *résistent* (insistent) en maintenant ou renforçant la demande ;
- *cèdent* (cessent d'agir ou de résister) en revenant à une attitude de contact de base neutre dès que la monture a obéi correctement.

L'accord des aides

C'est la faculté que possède le cavalier de coordonner efficacement et précisément l'action de plusieurs aides entre elles.

Le poids du corps, les jambes et les mains concourent à l'obtention du résultat escompté par le cavalier. En aucun cas ils ne se contrarient.

En fonction de la réponse de la monture à l'action des aides, le cavalier cède ou résiste.

Évoluer aux trois allures sans contact avec la bouche

Pour que vous puissiez évoluer sans contact, vous devez avoir parfaitement stabilisé vos postures (en équilibre assis ou en équilibre sur vos étriers).

C'est à partir de cette stabilité que vous pouvez évoluer sans les rênes.

Ouvrez progressivement les doigts sur les rênes : votre attitude ne doit pas se modifier. Si votre cheval ou votre poney accélère, reprenez le contact, ralentissez-le, et relâchez à nouveau.

C'est en renouvelant à volonté cet exercice aux trois allures que vous pouvez maîtriser la perte volontaire de contact sans perturbation ni de vous, ni de votre monture.

Diriger sur les courbes

Notions de pli et d'incurvation

Pour pouvoir tracer d'une manière correcte et précise une courbe, le poney ou le cheval doit plier sa colonne vertébrale comme la courbe qu'il suit : c'est ce que l'on appelle l'INCURVATION.

Plus le diamètre d'une courbe est petit, plus le tourner est difficile. Cette difficulté augmente en fonction de l'allure et de la vitesse.

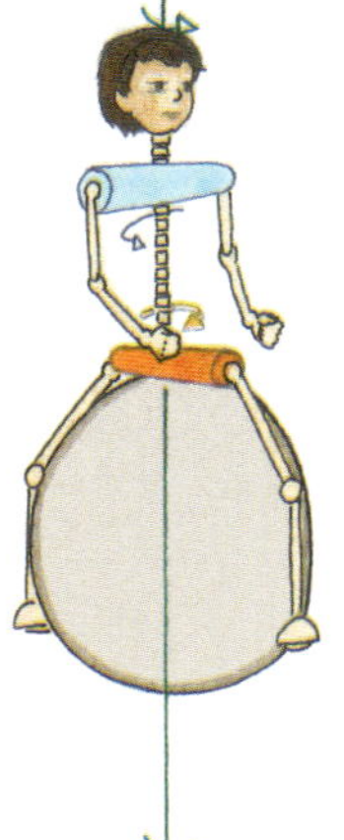

Pour tracer une courbe dans de bonnes conditions :

- orientez-vous dans la direction où vous voulez aller, le regard emmène la tête, les épaules, les bras et les mains,
- décalez les hanches,
- canalisez votre monture dans vos aides en conservant un contact et une tension utiles.

Par exemple, pour tracer une courbe à gauche, votre orientation vers la gauche porte la main gauche à gauche pour indiquer la direction, la main droite régulant le mouvement et le fléchissement de l'encolure pour conserver les deux épaules de votre monture sur le tracé choisi : c'est le couloir des rênes. Vos jambes maintiennent l'impulsion.

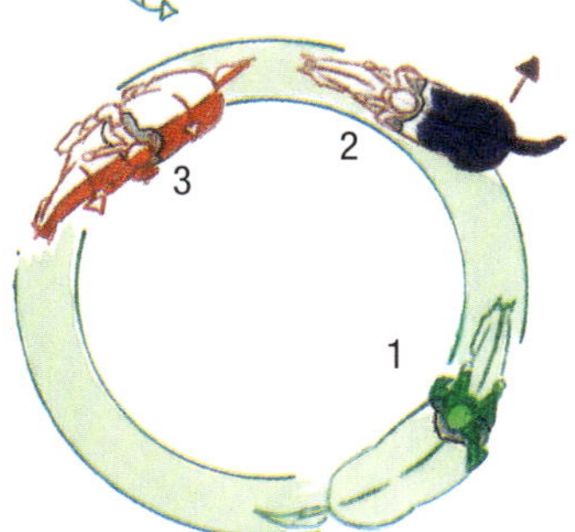

INCURVATION ET ÉQUILIBRE SUR LE CERCLE

1- poney ou cheval correctement incurvé, cavalier bien orienté

2- poney ou cheval dérapant à l'extérieur de la courbe avec ses hanches

3- poney ou cheval qui se couche vers l'intérieur de la courbe

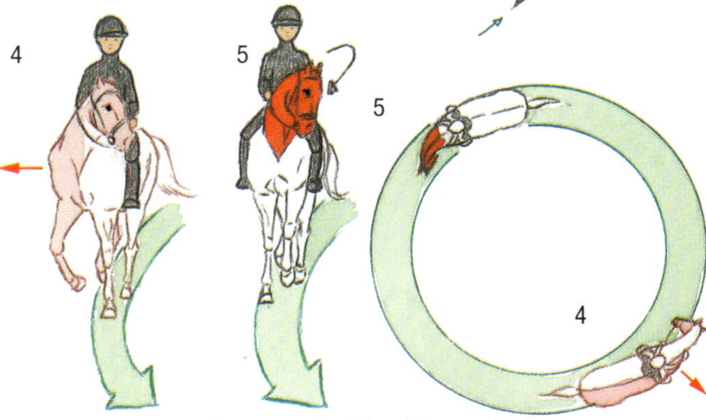

4- poney ou cheval fuyant dans ses épaules

5- poney ou cheval tordu dans son encolure

Notion de pli

Le pli est une inflexion latérale légère de l'encolure.

Un pli est direct lorsqu'il est marqué dans la direction vers laquelle votre cheval ou poney se déplace et inverse dans le cas contraire, c'est-à-dire marqué dans la direction opposée.

PAS DE PLI

De face

De dessus

PLI À DROITE

De face

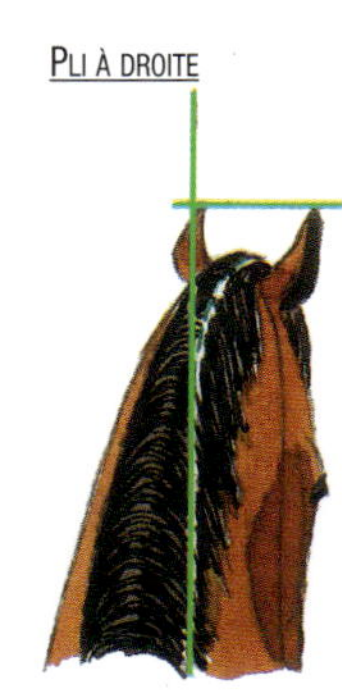

De dessus

Déplacer les épaules d'un quart de tour au pas

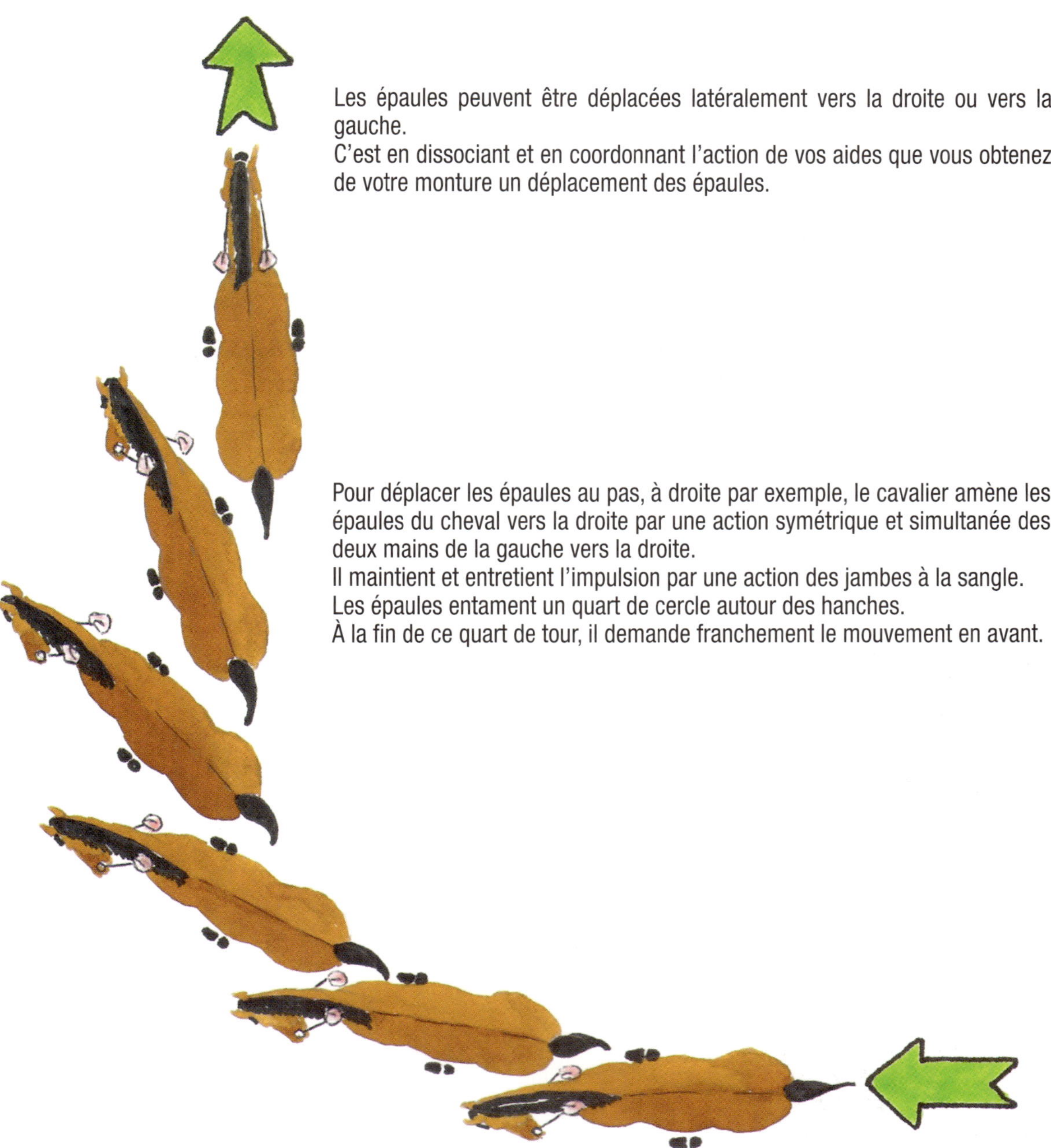

Les épaules peuvent être déplacées latéralement vers la droite ou vers la gauche.
C'est en dissociant et en coordonnant l'action de vos aides que vous obtenez de votre monture un déplacement des épaules.

Pour déplacer les épaules au pas, à droite par exemple, le cavalier amène les épaules du cheval vers la droite par une action symétrique et simultanée des deux mains de la gauche vers la droite.
Il maintient et entretient l'impulsion par une action des jambes à la sangle.
Les épaules entament un quart de cercle autour des hanches.
À la fin de ce quart de tour, il demande franchement le mouvement en avant.

Déplacer les hanches d'un quart de tour au pas

Les hanches peuvent être déplacées latéralement. C'est en dissociant et en coordonnant l'action de vos deux jambes que vous demandez à votre monture de déplacer ses hanches.

Pour faire déplacer les hanches vers la droite par exemple, agissez avec votre jambe isolée gauche pour pousser les hanches de votre monture vers la droite, et maintenez les épaules en place. Si vous voulez le faire en avançant, maintenez l'impulsion avec la jambe droite à la sangle.

À la fin du quart de tour, demandez le mouvement en avant, jambe à la sangle, caressez et changez de côté afin d'améliorer l'équilibre de votre cheval ou poney.

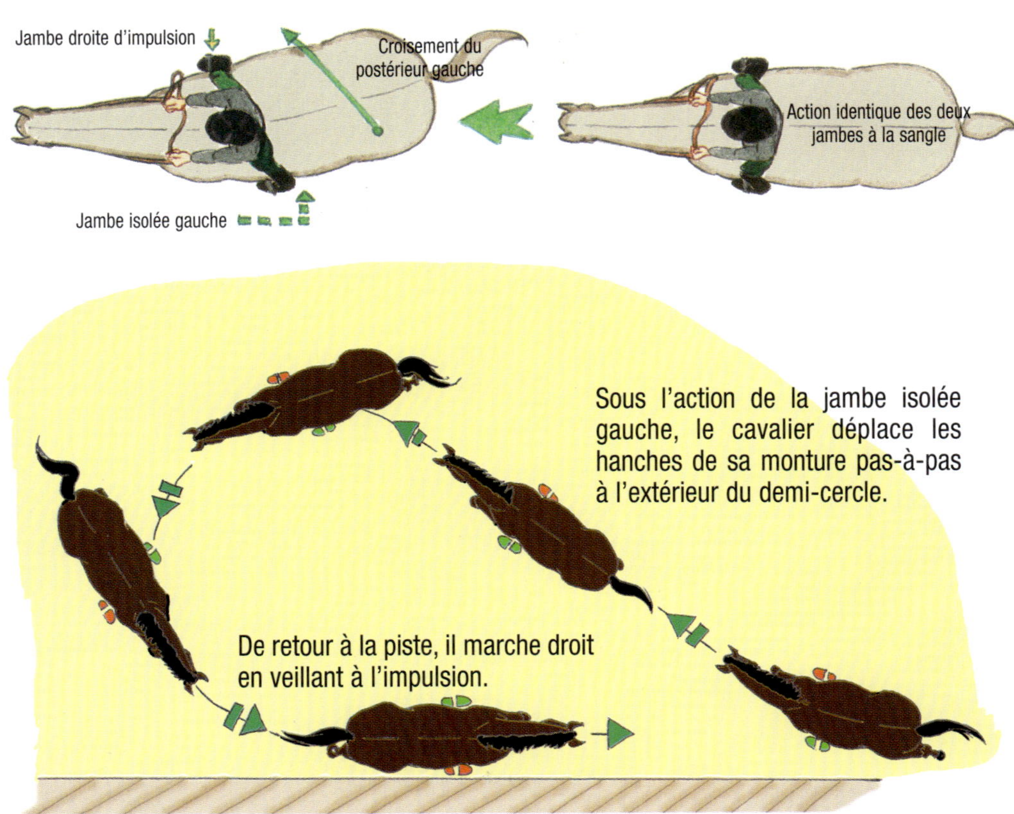

DÉPLACEMENT DES HANCHES VERS LA DROITE SOUS L'ACTION DE LA JAMBE ISOLÉE GAUCHE.

Exécuté correctement ce déplacement prouve l'agilité des hanches, l'obéissance à la jambe isolée et apprend au cheval ou au poney à engager son postérieur intérieur sous la masse en allégeant progressivement l'avant-main.

Les mécanismes du galop

L'<u>ACCORD DES AIDES</u> est obtenu à travers l'indépendance des aides. Coordonner les différentes actions optimise le résultat, tant en efficacité qu'en rapidité d'exécution. Les actions des aides ne doivent pas s'opposer ni se contredire.

Le galop

<u>AU GALOP</u>, allure dissymétrique, sautée et basculée à trois temps inégaux, un postérieur déclenche l'allure, suivi d'un bipède diagonal, puis du poser d'un antérieur pour la projection. On entend trois temps de poser des membres, suivi du silence de la projection où aucun pied ne touche le sol (Ta-Ga-Da + silence).

Etant dissymétrique, on distingue donc deux galops : le galop à gauche (le postérieur droit est le premier à se poser au sol, l'antérieur gauche va le plus loin) et le galop à droite (le postérieur gauche se pose en premier, l'antérieur droit en dernier).

En liberté, le cheval galope instinctivement sur le pied du côté où il tourne pour maintenir son équilibre. Monté, c'est le cavalier qui choisit le pied sur lequel il souhaite galoper.

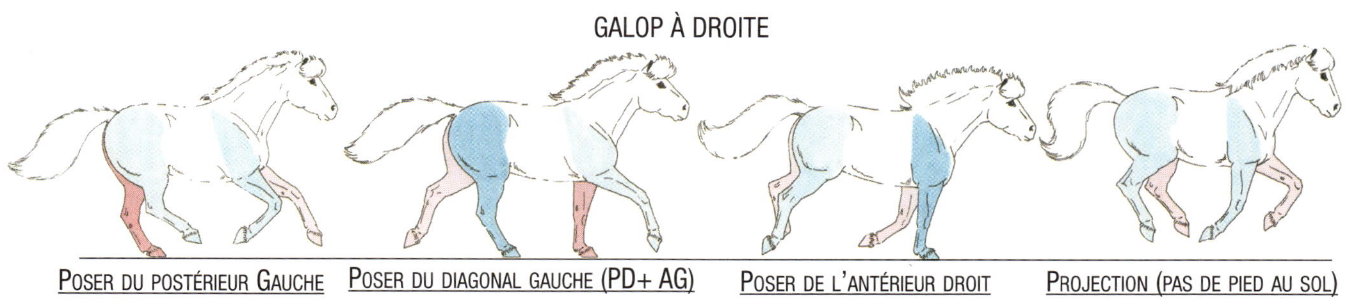

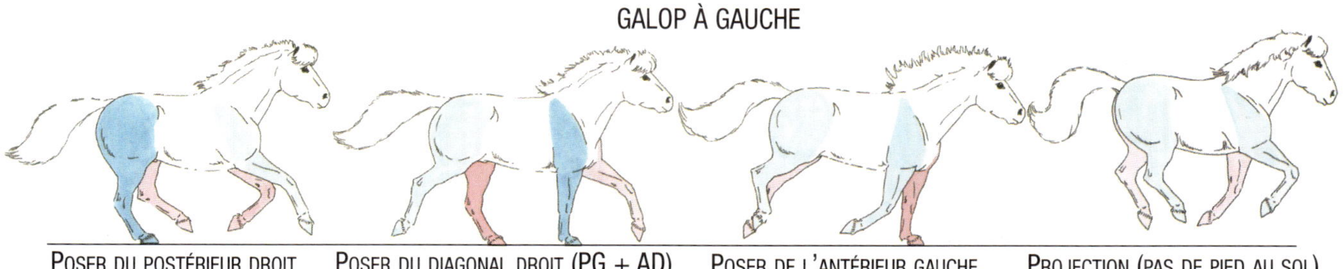

Prendre le galop du pas en ligne droite

Votre monture doit rester la plus droite possible. Vous prenez le galop du pas sans brusquerie grâce à des aides précises et calmes. Le départ se fait par prise d'équilibre grâce à l'engagement des postérieurs sous la masse.
Ce mouvement demande une grande maîtrise de l'impulsion et un contrôle vigilant des épaules et des hanches de votre monture (actions coordonnées des mains et des jambes).
Elle doit vous écouter : restez calme et précis.

Préparation du départ au galop à droite :
- contrôle de la vitesse du pas,
- mise en place des aides,
- orientation de la monture.

Départ au galop à droite du pas :
- premier temps du galop à droite,
- bassin du cavalier emmené en oblique vers l'avant et la droite (le bassin avance, les épaules ne reculent pas).

CONSEILS PRATIQUES

Si votre monture retombe tout de suite dans le trot, deux possibilités se présentent :

1) manque d'impulsion : redemandez le départ et intervenez avec les jambes dès les premières foulées,
2) mauvais fonctionnement de votre bassin : redemandez le départ et accompagnez le galop dès la première foulée.

Varier les vitesses (amplitudes)

Les variations d'amplitude dans une même allure

Une transition intra-allure est une modification de l'amplitude des foulées. Il s'agit de modifier la longueur de chaque foulée sans altérer la cadence de l'allure. Le cheval ou le poney couvre davantage de terrain à chaque foulée lors d'une transition ascendante, et diminue d'amplitude dans la transition descendante.

Quatre amplitudes peuvent être demandées au trot :

Trot rassemblé - Trot de travail - Trot moyen - Trot allongé

Exemple, pour passer du trot de travail au trot moyen :

- vérifiez que votre monture est tendue, active, sur la main, la nuque étant le point le plus haut, son équilibre horizontal,
- agissez avec vos jambes à la sangle par pressions simultanées à chaque projection,
- maintenez un contact souple et constant avec la bouche et cédez très légèrement pour permettre à l'encolure de s'étendre, dès que le mouvement est déclenché,
- amplifiez l'accompagnement du trot avec votre bassin (poussez vers le pommeau).

Pour passer du trot moyen au trot de travail :

- soutenez le dos sans raideur,

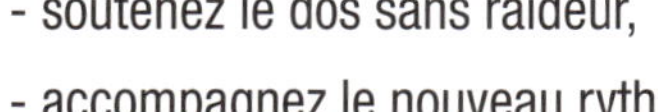

- accompagnez le nouveau rythme,
- maintenez l'activité grâce aux jambes et à l'assiette,

- fermez les doigts sur les rênes.

L'allongement est insuffisant ? Renouvelez l'action de vos jambes en veillant à ce que vos mains ne contrarient pas cette action.

Votre monture précipite et modifie sa cadence ?

Rééquilibrez-la, reprenez un contact plus ferme avec la bouche et respectez la cadence.

Quelle que soit la variation, elle demande un changement de l'amplitude et de l'attitude du cheval ou du poney : augmenter l'amplitude des foulées et étendre légèrement sa ligne du dessus pour passer du trot de travail au trot moyen, et diminuer l'amplitude des foulées, soutenir la base de l'encolure pour passer du trot moyen au trot de travail, ceci en conservant l'activité.

Varier l'amplitude du galop

Le cavalier contrôle une transition montante ou descendante en conservant l'allure et la cadence. Le poney ou le cheval doit rester au galop sur le pied désiré et être maintenu le plus droit possible dans un parfait équilibre correct et en obéissant convenablement aux aides avant, pendant et après la transition.

DANS LA TRANSITION MONTANTE

La préparation des mouvements est la même que pour le pas. Le galop moyen ou allongé s'obtient en augmentant l'impulsion par l'action des jambes, l'assiette du cavalier augmentant son fonctionnement en amplitude pour faire comprendre le nouveau mouvement à sa monture. Les actions de jambes sont dissymétriques et se font en cadence avec le galop afin d'amplifier le geste et non pas le précipiter.

DANS LA TRANSITION DESCENDANTE

Le retour au galop de travail doit se faire avec une prise d'équilibre, la monture maintenue dans les aides pour ne pas risquer qu'elle se mette sur les épaules. Vous devez soutenir votre dos, maintenir vos jambes en place et fermer vos doigts sur les rênes sans que la monture perde sa cadence.

Gardez vos aides de départ au galop afin d'éviter que votre cheval ne se désunisse ou change de pied.
Si votre monture tire au galop moyen, rééquilibrez-la en vous redressant avec des doigts fermés sur les rênes et des jambes au contact.

Vitesse régulière au galop en enchaînant courbes et lignes droites

Les courbes ralentissent votre monture dans son galop, c'est-à-dire qu'elles font diminuer l'impulsion. Pour enchaîner des courbes et lignes droites en maintenant une vitesse régulière au galop, quel que soit votre équilibre (équilibre assis ou sur les étriers), maintenez votre poney ou votre cheval dans le couloir de les aides : assiette, jambes et mains.

Si vous ressentez, dans votre assiette, une rupture de rythme (cadence) dans le galop de votre monture, votre oreille (ouie) vous le confirme.

Anticiper votre tracé vous permet d'anticiper vos actions : l'écoute du rythme du galop de votre monture (dans votre assiette et vos oreilles) et le regard loin sont les clés de cet exercice !

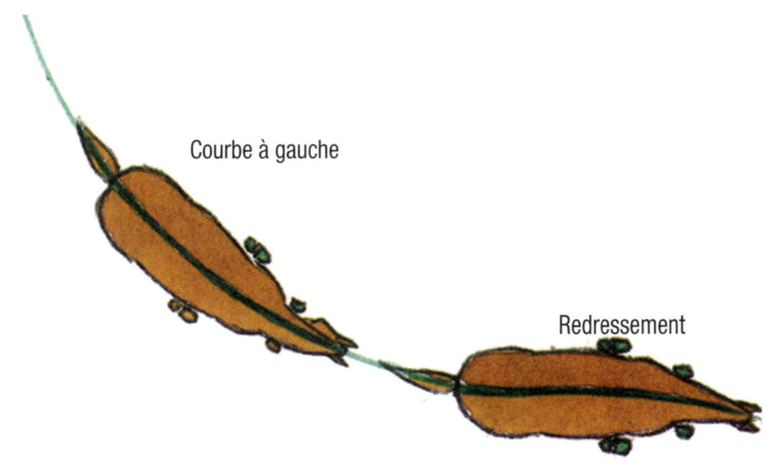

Il vous suffit donc d'adapter votre posture, votre assiette, vos actions de jambes et de mains, pour contrôler le rythme du galop, quelle que soit la trajectoire à réaliser, les jambes restant toujours à la même place.

Equilibre et stabilité

En montée ou en descente, vous devez être stable dans votre équilibre.

En montée ou sur le contre-haut

En montée

Restez en équilibre sur les étriers, buste légèrement incliné vers l'avant pour faire avancer votre poids du corps et soulager l'arrière-main. Votre monture pousse sur ses postérieurs et tracte avec ses antérieurs. Si la pente est très forte, aidez-vous d'une poignée de crins à mi-encolure pour ne pas vous raccrocher aux rênes ni tirer sur sa bouche.

Sur le contre-haut

L'abord doit se faire comme celui d'un vertical, vous prenez la battue loin de l'obstacle. Ce qui change est que la réception est en hauteur. Le planer est abrégé et la phase descendante du saut est annulée.

Restez proche de votre selle à l'abord et en équilibre sur les étriers tout le long du saut. Maintenez l'impulsion et demandez la reprise de l'allure dès la pose des antérieurs au sol.

En descente ou sur le contre-bas

En descente

La vitesse tend à augmenter, restez-en maître et contrôlez la direction pour que votre monture ne se place pas en travers, en restant en équilibre sur les étriers, proche de la selle et en gardant votre monture dans les couloirs de vos aides (jambes et mains). Le buste est légèrement incliné vers l'arrière pour faire reculer votre poids du corps et soulager l'avant-main. Votre monture résiste sur ses postérieurs et avec ses antérieurs. Si la pente est très forte, n'hésitez pas à rester assis dans la selle, les deux jambes maintenues à la sangle, le buste incliné en arrière et les rênes rallongées sans perte de contact.

Sur le contre-bas

L'abord doit se faire comme celui d'un obstacle de volée : vous prenez la battue près de l'obstacle, avec des rênes pas trop tendues pour ne pas faire sauter votre monture, mais au contraire, la laisser descendre la marche. Ce qui change est que la réception est en profondeur vers le bas. Le planer est allongé et la phase descendante du saut est aussi longue que le dévers est prononcé.

La réception est donc plus marquée. Vous devez accompagner le saut comme d'habitude si c'est un petit contre-bas, en sachant que vos jambes subiront un amortissement plus conséquent à la réception.

Soyez tonique également dans le haut du corps pour ne pas venir plonger le nez dans la crinière. Pour un gros contre-bas, le buste s'oriente comme en descente pendant la phase descendante du saut, les fesses proches du pommeau de la selle, les rênes se rallongeant sans perte de contact, et vous revenez en position d'équilibre le plus rapidement possible dès la réception pour canaliser votre monture et reprendre l'allure initiale.

Le gué

La difficulté du franchissement d'un gué simple (sans contre-bas d'entrée ou contre-haut de sortie) réside dans l'eau : elle peut effrayer votre monture et elle ralentit l'allure pendant votre passage.

Conservez votre monture dans le couloir de vos aides et encouragez-la de la voix et de vos jambes sans agitation.

Dès que vous êtes dans l'eau, maintenez l'impulsion. Les oscillations verticales de votre monture vont s'amplifier car elle lève ses membres plus haut et pousse plus énergiquement sur chaque pied. Restez stable dans votre équilibre (assis, enlevé ou sur les étriers).

Les branches basses

Cet exercice demande souplesse et dextérité. Les branches basses sont placées à environ trente centimètres au-dessus du garrot de votre monture. Présentez-vous de face, le buste légèrement décalé sur la droite ou la gauche pour vous pencher souplement et rapidement d'un côté ou de l'autre de l'encolure et passer sans encombre sous les branches basses. Veillez à garder le contact avec la bouche de votre monture pour qu'elle ne dévie pas de la trajectoire initiale et restez en équilibre sur les deux étriers.

Le ramassage

Si vous devez ramasser un objet situé à hauteur de l'étrier, adoptez la même attitude que celle des branches basses, en tenant et ajustant les deux rênes dans une main, avec une poignée de crins pour ne pas tirer sur les rênes (ce qui dévierait votre monture de sa trajectoire).

Les sauts rapprochés

Être stable en équilibre sur les étriers en franchissant des obstacles rapprochés

Cet exercice a pour objectif de tester, d'évaluer et d'améliorer votre fonctionnement à l'obstacle, sans problème de conduite puisque les obstacles sont alignés les uns derrière les autres.

Les hauteurs des obstacles sont généralement plutôt faibles. Les obstacles sont séparés d'une à deux foulées.

L'entrée dans la ligne détermine la réussite de l'exercice : axez votre abord du premier obstacle perpendiculairement et en son milieu en arrivant sur un tracé rectiligne, l'impulsion adaptée.

Conservez votre monture dans le couloir des aides tout au long de la ligne et laissez-la fonctionner sous votre selle, sans vous agiter. Votre décontraction permet l'amortissement de chaque saut, et la ligne se déroule dans la fluidité.

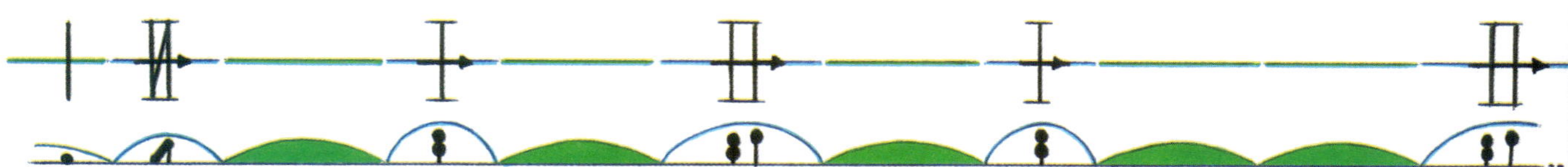

Vous pouvez exécuter une ligne d'obstacle soit en l'abordant au trot, soit en l'abordant au galop : c'est votre enseignant qui détermine les consignes.

Dès l'entrée de la ligne et à chaque saut : regardez loin, laissez descendre les talons, genoux fléchis sans serrer, votre dos plat et les épaules légèrement vers l'avant. Vos bras accompagnent les mouvements de l'encolure.

Enchaîner des sauts isolés
Reconnaître un parcours

C'est une phase à pied préalable importante et indispensable à la réalisation du parcours à effectuer.

Rendez-vous à pied sur le terrain et déplacez-vous selon le tracé que vous choisissez pour exécuter le parcours.

Chaque parcours propose une disposition et des contrats différents par leur agencement et la nature du terrain sur lequel il doit se dérouler.

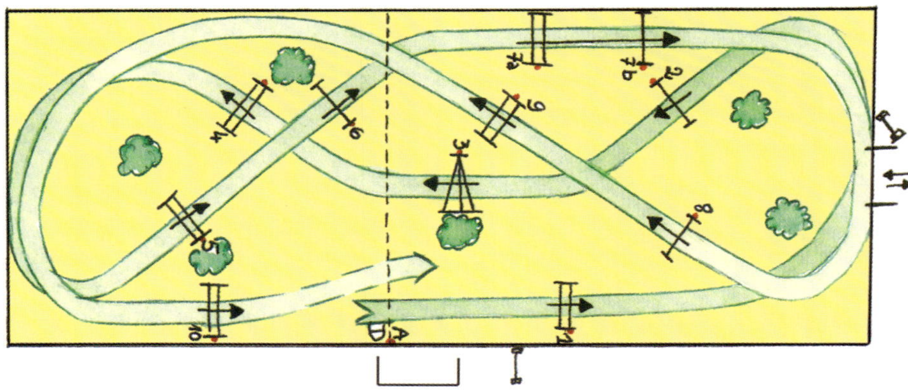

Vous devez donc repérer et mémoriser tous les reliefs, les profils et les contrats des obstacles, sans oublier l'environnement.

Un cheval ou un poney peut ne pas apprécier certain profil d'obstacle et réagir à l'inverse de vos attentes. A vous d'anticiper en procédant à une reconnaissance de parcours minutieuse.

Chaque obstacle ou passage obligatoire est signalé de deux fanions, le rouge que vous laissez à votre droite, le blanc que vous laissez à votre gauche. Ils indiquent ainsi le sens de franchissement. Le premier passage obligatoire est... la ligne de départ et le dernier, la ligne d'arrivée. Ces deux lignes doivent être franchies dans le bon sens sous peine d'élimination.

Comptez les distances qui séparent les obstacles en ligne (combinaison ou pas) en apprenant à faire des enjambées d'un mètre. Ces distances vous indiquent le nombre de foulées que vous devez (ou pouvez) faire avec votre monture pour négocier au mieux les obstacles.

Prenez des points de repères pour matérialiser vos courbes (décorations, autres obstacles, lice, cabine du jury...), elles seront d'autant plus faciles à exécuter une fois en selle.

N'hésitez pas à vous faire accompagner d'un aide expert ou d'un enseignant, il décryptera mieux les difficultés, et vous prodiguera des conseils utiles à la prestation de votre couple.

Si votre numéro de passage le permet, observez les parcours des concurrents précédents : vous éviterez ainsi peut-être certaines erreurs.

Ayant tout en tête et connaissant l'ordre des obstacles par cœur, vous détendez votre monture en fonction des difficultés repérées.

Contrôler allure, vitesse et direction

Vous dessinez des courbes soignées, vous maintenez l'allure et la vitesse dans l'allure en conservant votre monture dans le couloir des aides. Ainsi, votre cheval ou votre poney est conduit dans de bonnes conditions pour exécuter le parcours.

Votre regard détermine votre tracé :

vous devez anticiper le franchissement de l'obstacle suivant le plus tôt possible en vous orientant dans sa direction. Cette anticipation vous évite toute agitation inutile. Restez calme et laissez votre monture fonctionner sous votre selle. À chaque réception, adaptez les aides de façon à contrôler l'allure, la vitesse et la direction en fonction de la réaction de votre monture. La stabilité de votre posture est fondamentale pour gérer tous ces paramètres !

Les obstacles

<u>Les différentes familles d'obstacle</u>

En fonction de leur emploi, il existe :

- les **obstacles d'initiation**, appelés **cavaletti**, obstacles mobiles dont la hauteur n'excède pas 50 cm, qui permettent au cavalier d'expérimenter son équilibre lors des sauts éducatifs et au cheval ou au poney de se gymnastiquer ;

- les **obstacles mobiles** qui regroupent tous les obstacles dont la construction permet la chute des divers éléments légers qui les composent (barres - palanques - haies - briques - chandeliers - cuillers...) ;

- les **obstacles fixes**, souvent massifs, dont la destruction ne permet pas la chute de leurs divers éléments (obstacles construits à partir de terre, pierres, troncs, eau => gué ou tout autre élément lourd).

<u>Les trois profils d'obstacle</u>

Quelle que soit la famille d'obstacles, il existe trois profils distincts :

- les **verticaux**, obstacles dont tous les éléments sont sur un même plan vertical ;

- les **larges**, obstacles dont les éléments sont répartis sur deux plans verticaux devant se franchir d'un seul saut ;

- les **obstacles de volée**, dont les éléments sont répartis sur plusieurs plans verticaux plus ou moins espacés, devant se franchir d'un seul saut.

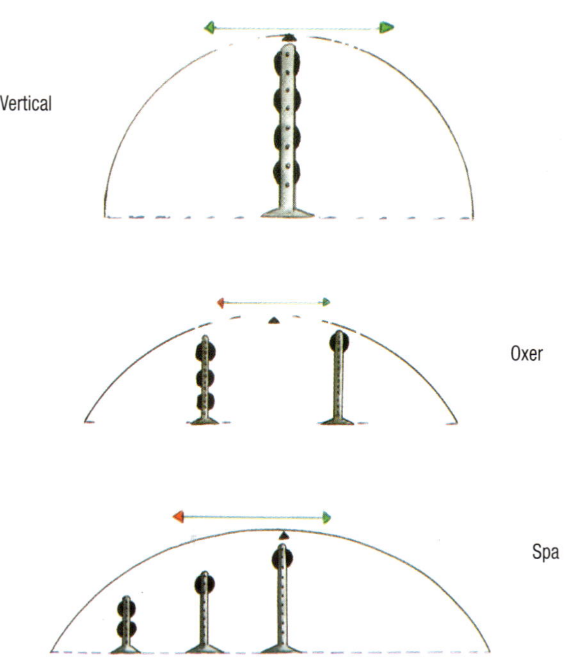

G 4

Abord d'un vertical

La difficulté pour le cheval ou le poney consiste à prendre sa battue suffisamment loin de cet obstacle afin de passer ses antérieurs au-dessus de celui-ci sans le toucher. Le sommet de sa trajectoire doit se trouver juste à la verticale de celui-ci.

Le cavalier se redresse le plus possible en conservant l'impulsion et en recherchant un équilibre vers les hanches en conservant la cadence du galop.

Abord d'un large

La difficulté réside davantage à faire passer les postérieurs. Le sommet de la trajectoire doit se trouver dans un plan vertical situé au milieu de l'obstacle. Le cheval ou le poney doit donc rapprocher sa battue du pied de l'obstacle.

L'équilibre recherché est plus horizontal mais l'engagement est maintenu.

Si l'obstacle est plus haut que large, il faut éloigner davantage la battue. S'il est plus large que haut, il faut la rapprocher.

Les soubassements

Sont considérés comme soubassements l'eau (rivière, bidets), la terre (butte, banquette, talus breton, fossé, passage de route), les murets et tout support publicitaire inscrit ni sur une barre, ni sur une palanque et toute sorte de constructions publicitaires (ou autres non techniques) posée sur le sol, sous l'obstacle.
Il est placé sous l'obstacle, un peu en avant ou au milieu.
L'attention du poney ou du cheval est attirée par le soubassement : il modifie son équilibre et peut négliger la barre supérieure en la faisant tomber, ou refuser l'obstacle.

Les combinaisons

Une combinaison est l'ensemble de deux ou trois obstacles en ligne séparés d'une à deux foulées maximum.

Le double

Une combinaison de deux obstacles est appelée Double, celle de trois obstacles Triple. En fonction des profils des obstacles d'entrée et de sortie de la combinaison, et de la distance qui sépare chaque obstacle du suivant, la combinaison est plus ou moins difficile.

Lors de la reconnaissance du parcours, vous devez accorder une attention toute particulière aux combinaisons : mesurez les distances et repérez l'obstacle qui précède la combinaison afin d'aborder et de franchir au mieux cette difficulté. Lorsque le terrain est montant ou descendant, les distances sont plus courtes. Voici quelques doubles classés selon leurs difficultés croissantes.

Encaissement et amortissement

Pour encaisser un saut et fonctionner en coordination avec votre monture, vous devez être en position d'équilibre sur les étriers.

Le fonctionnement souple de vos articulations inférieures lié à celui du haut du corps conditionne l'harmonie avec votre monture. Lorsqu'elle a commencé son saut, vous devez relâcher vos articulations pour amortir son élévation.

Il s'agit de rester sobre et de laisser votre monture fonctionner sous votre selle :

- restez toujours en appui sur vos étriers, le regard au loin ;
- ne vous agitez pas à l'abord ;
- ne vous jetez pas en avant ou ne vous rasseyez pas dans la selle lors de la battue d'appel ;
- ne vous écroulez pas à la réception.

Les normes physiologiques

CONTRÔLER LE POULS

Il se contrôle facilement en appuyant doucement le doigt sur le bord interne de la mandibule ou près du rocher.

Le rythme des battements du cœur varie selon l'importance des efforts physiques et l'âge. En général plus un cœur est petit, plus il bat vite.
Le pouls du cheval ou poney bat de 30 à 45 battements par minute et peut monter, lors d'un travail important jusqu'à 120 après dix minutes au trot et 180 après un cross.

Ce qui caractérise les chevaux ou poneys de sport de haut niveau, c'est leur capacité à passer très vite d'un rythme élevé à un rythme lent et inversement. En prenant souvent le pouls de votre monture, vous aurez davantage de repères sur sa santé et sur ses capacités de récupération.

CONTRÔLER LA RESPIRATION

Elle est facile à voir. Il suffit de regarder le flanc du cheval ou du poney et de compter, sur une minute, soit l'inspiration, soit l'expiration. Voici quelques mesures moyennes :

- 10 à 12 mouvements au repos,
- 18 après cinq minutes de pas,
- 52 après cinq minutes de trot,
- 60 à 70 après cinq minutes de galop.

C'est un bon témoin de la température centrale, à mettre en relation avec le rythme cardiaque. Si elle est supérieure proportionnellement à la fréquence cardiaque, c'est un signe de fatigue.

CONTRÔLER LA TEMPÉRATURE

C'est une habitude à prendre.
Elle est normale à 37° - 37°5 chez un cheval adulte et 38° - 38°5 chez le jeune cheval. La chaleur extérieure peut faire monter la température, mais on considère qu'à 38°5 - 39° le cheval est malade. Passé 40°, il est gravement malade.
Il est bon de prendre la température après de gros efforts pour voir comment le cheval les a supportés et également au box si vous avez un doute sur l'état de santé de votre monture.

Prophylaxie

C'est l'ensemble des moyens médicaux mis en œuvre pour empêcher l'apparition, l'aggravation ou l'extension des maladies.

Même en bonne santé, votre cheval a besoin d'un suivi vétérinaire. Vous pouvez malgré tout observer son état de santé à travers les signes suivants :

- absence de signes anormaux tels que plaie, déformation, jetage nasal,
- respiration régulière, lente, appréciée par examen du flanc ou des mouvements des naseaux. Le rythme respiratoire ne doit pas dépasser 15 mouvements à la minute pour un cheval au repos,
- les crottins sont de bonne consistance et coloration,
- l'urine émise est jaune normalement trouble, cependant claire pour les chevaux soumis à un travail intensif.

Ces symptômes externes sont complétés par l'inspection et la palpation :

- prise de température au repos 37°5 normalement,
- pincement de rein conservant sa souplesse, montrant l'absence de contraction ou de souffrance,
- prise des pulsations artérielles à l'artère maxillaire : nombre normal 40 à la minute au repos.

La vaccination

Elle protège votre cheval ou poney de maladies graves, évite également la propagation des maladies contagieuses.
Les chevaux possèdent soit un carnet de vaccination, soit un livret d'accompagnement sur lequel sont apposés les vignettes des vaccins et le cachet du vétérinaire.
Après une vaccination, il faut éviter un travail intensif pendant une huitaine de jours.

LÉGISLATION RELATIVE AUX VACCINATIONS OBLIGATOIRES EN FRANCE
GRIPPE : la vaccination est obligatoire pour participer à une compétition officielle et recommandée si le cheval est dans une écurie ou s'il participe à des rassemblements d'équidés, même non officiels. Cependant, cette maladie laissant des séquelles graves et pouvant être mortelle, il est fortement recommandé de vacciner quel que soit l'âge du cheval ou du poney selon le protocole suivant :
2 injections entre 21 et 92 jours, rappel entre 150 et 215 jours (conseillé pour les chevaux de selle, obligatoire pour les chevaux de course).

VACCINS RECOMMANDES :
- RAGE : 1 injection annuelle dès la première année.
- RHINOPNEUMONIE : 2 injections à 1 mois d'intervalle pour les primo-vaccinations (avant la 1re saillie pour les juments), rappel à 1 an maximum après la dernière injection (entre les 4e et le 6e mois de gestation pour les poulinières).
- TÉTANOS : 2 injections à 1 mois d'intervalle pour la première année, 1 injection pour l'année suivante puis 1 rappel tous les ans.

Les soins dentaires

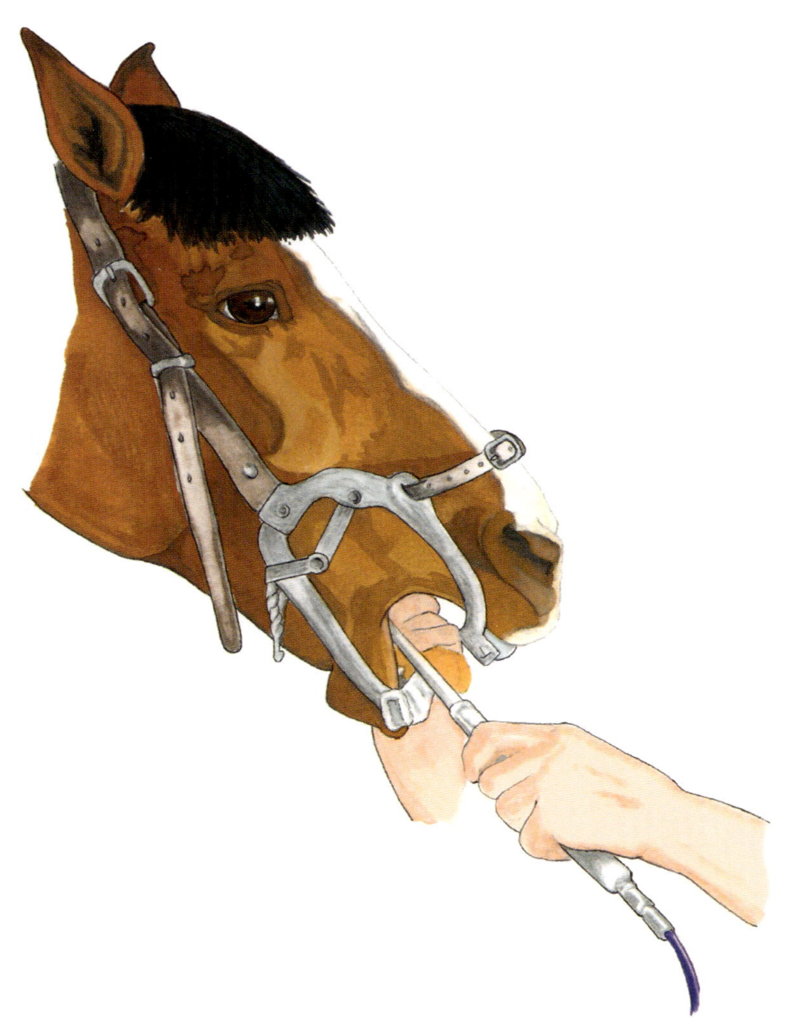

Un cheval ou un poney doit voir un technicien dentaire équin au moins une fois par an surtout s'il mange mal, baisse de forme ou bat à la main. La pousse dentaire est constante chez le cheval ou le poney. Ne pouvant plus brouter à volonté, il en résulte une mauvaise usure et l'apparition de surdents (pointes non usées) qui gênent et peuvent blesser les joues et la langue. La table dentaire doit également être bien droite pour une parfaite mastication et réajustée en fonction de la pousse dentaire annuelle.

Les dents de loup, mal placées car en avant des prémolaires, reçoivent l'action du mors et sont souvent la source d'une mauvaise bouche chez le cheval ou le poney monté.

La prévention antiparasitaire externe

Le cheval ou le poney peut être victime d'une infestation de parasites externes provoquant des symptômes plus ou moins prononcés et visibles.

La gale se répand du fait d'un mauvais entretien du cheval, et provoque des démangeaisons. Contagieuse entre les équidés et à l'homme, elle doit être rapidement éradiquée. La gale de corps est due à une infestation d'insectes minuscules qui creusent des galeries dans la peau, provoquant des démangeaisons insupportables pouvant amener le malade à se gratter jusqu'à perdre le sommeil, se blesser et s'infecter à en mourir. Soignez par des pulvérisations de lindane ou par du soufre, renouvelées deux fois à deux semaines d'intervalle. La gale de boue (au paturon) s'observe par un piaffage et un grattage avec hérissement de poils parsemés de plaies. Les gales de crin ou de queue présentent les mêmes symptômes que la gale de corps.

Les poux provoquent une maladie de négligence, de misère et de l'hiver (saison où le poil est plus épais et abrite plus facilement les insectes). Peu fréquente, vous vous débarrassez de cette maladie par la tonte et un pansage vigoureux associés à des applications de poudre insecticide.

Les teignes sont des maladies parasitaires de la peau issues de la propagation de germes de champignons microscopiques. Très contagieuses, elles font tomber les poils par plaques, plus ou moins suintantes, mais sans démangeaison. Pour soigner le malade, cessez le pansage (qui favorise la propagation des germes) et badigeonnez les plaques et l'ensemble du corps avec des produits adaptés (par exemple, de la teinture d'iode).

Pour toutes ces infections, ne pas oublier d'isoler le malade au plus vite et de désinfecter le lieu d'hébergement, les matériels de pansage et de sellerie.

La prévention antiparasitaire interne la vermifugation

Des vers de différentes formes se logent dans l'intestin des chevaux et poneys. Pour les en débarrasser, vous les traitez par des vermifuges administrés en général deux fois par an et systématiquement après un séjour au pré.
Un cheval atteint par les vers mange beaucoup, maigrit, a souvent des coliques et présente des démangeaisons caudales.

Quelques conseils pratiques et simples de lutte contre les parasites intestinaux :

- Evitez les séjours prolongés en lieux humides qui favorisent le développement des parasites,
- Maintenez les hébergements propres, secs et désinfectez-les régulièrement,
- Stockez le fumier un an avant de l'épandre en prairie,
- Si l'herbe est rare ou n'a pas eu le temps de pousser suffisamment, le poney ou le cheval encourt des risques plus élevés d'infestation car il mange l'herbe à même le sol et ingère plus de larves,
- Ramassez les crottins, même en pâture,
- Fauchez et hersez les pâtures par temps sec et ensoleillé : les larves détestent ça,
- Distribuez ou mettez toujours à disposition de l'eau claire et propre.

L'alimentation

Les* BESOINS *varient selon la fonction du cheval ou du poney. On distingue les besoins du cheval au repos, ceux nécessaires à la croissance, à la gestation, à la fonction de reproduction de l'étalon en période de monte et ceux inhérents au travail du cheval ou du poney. Ils varient également selon les saisons et les races.

Les* RATIONS *sont calculées en fonction de ces besoins.

Partie inférieure de l'appareil digestif d'un cheval ou d'un poney

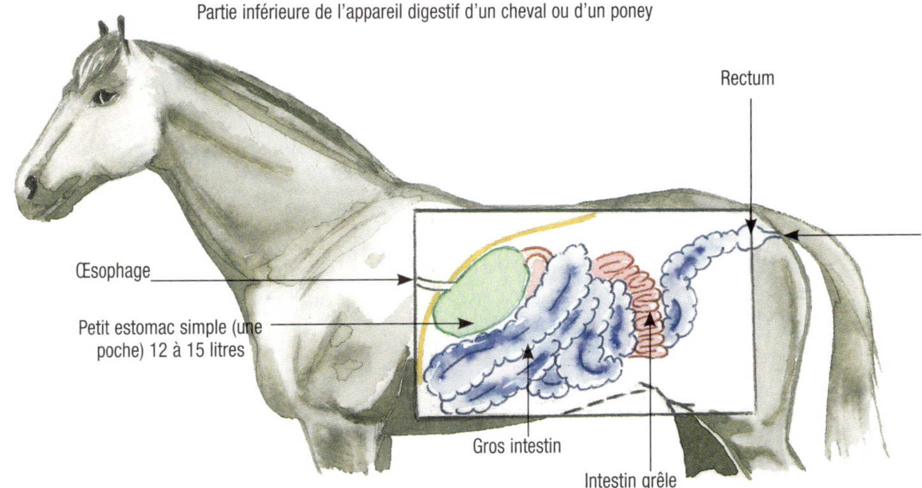

Les différents aliments

Ils sont classés en deux grandes familles :

Les fourrages

- la paille : ce sont des tiges coupées et séchées issues des graminées*, essentiellement des céréales** pour les équidés, dont les grains ont été ôtés. La paille d'orge est à éviter car elle contient des barbules, piquants des épis, pouvant blesser la bouche ;

- le foin : ce sont les herbes coupées et séchées issues des prairies naturelles ou artificielles (luzerne, trèfle...). Le foin doit répandre une bonne odeur, présenter une couleur vert plus ou moins foncé, craquer au toucher et être dépourvu de toute poussière.

La valeur alimentaire de la paille ou du foin est faible, mais leur rôle est essentiel dans la digestion et la lutte contre l'ennui d'un cheval ou d'un poney enfermé dans son hébergement.

Les concentrés

Ils se présentent sous deux formes :

- les céréales : trois céréales sont utilisées pour l'alimentation des équidés.

L'avoine : noire, grise ou blanche, elle est considérée comme la base de l'alimentation. Elle est distribuée en grains entiers, germés, aplatis ou concassés.

L'orge : ses grains jaunes et durs sont distribués concassés, aplatis ou détrempés. Gonflés avec de l'eau chaude et mélangés à du son, ils constituent un « barbotage » très apprécié et adapté aux équidés convalescents.

Les aliments complets

Ils sont élaborés industriellement à partir d'un mélange de matières premières (céréales, graines d'oléagineux) auxquelles vitamines et minéraux sont ajoutés.

Les étiquettes indiquent l'utilisation concernée (gestation, repos, intensité du travail...) : très énergétiques pour une pratique sportive, peu énergétiques pour une activité restreinte.

Le dosage des différents composants est variable : vous pouvez donc choisir celui qui convient le mieux à votre monture.

La ration

Besoins en fourrages et concentrés

Les aliments concentrés sont beaucoup plus riches que les fourrages.

Plus un cheval/poney travaille intensément, plus son alimentation doit être riche, donc plus vous devez lui donner de concentrés.

C'est pourquoi moins votre monture travaille (voire est au repos), plus vous devez lui donner des fourrages.

Selon l'activité, la ration peut varier de 4 kg de concentrés + 3 kg de foin, à 8 kg de concentrés + 10 kg de foin... ! Ces quantités s'ajustent en fonction de la taille, l'activité, la composition de la litière et le tempérament de ta monture.

Floconnés

Granulés

Exemple de ration quotidienne pour un poney effectuant un travail moyen :

3 kg/jour de granulés distribués en trois repas :

2 litres le matin, 1 litre le midi, 2 litres le soir + 3 kg de foin.

Exemple de ration quotidienne pour un cheval effectuant un travail moyen :

5 kg/jour de granulés distribués en trois repas :

3 litres le matin, 2 litres le midi, 3 litres le soir + 5 kg de foin.

Besoins en minéraux et vitamines

Le cheval a besoin d'une certaine quantité de minéraux en fonction de son activité, sa production, son âge. Le calcium et le phosphore sont des minéraux indispensables. Magnésium, zinc, cobalt, sodium... doivent être apportés également.

Les vitamines les plus fréquentes (A, B, D et E) doivent être présentes dans les aliments concentrés, car elles contribuent aux fonctions vitales du cheval ou du poney.

Ces minéraux et vitamines sont, pour la plupart, présents dans les concentrés.

Pour une alimentation exclusivement à base de céréales, vous devez les rajouter à la ration !

Les aliments de substitution et les friandises

Ils peuvent compléter partiellement la ration, voire remplacer totalement un repas (mash).

C'est le cas notamment lors des jours de repos du cheval ou du poney pendant lequel un mash, repas de substitution, est distribué le soir.

Les mélasses, résidus de sucreries, et les tourteaux, résidus d'huileries, font partie des ajouts partiels à la ration.

L'eau

C'est un élément fondamental de l'alimentation.

Le cheval ou le poney boit de 20 à 40 litres d'eau par jour.

L'eau doit toujours être fraîche, claire, propre et ne doit répandre aucune odeur désagréable.

Aliments complets et compléments alimentaires

Tout changement ou complémentarisation de l'alimentation du cheval ou du poney ne se fait qu'avec parcimonie et, si possible, avec accord vétérinaire préalable.

Les aliments complets du commerce

Un aliment complet est fabriqué à partir d'un mélange de matières premières (céréales, différentes graines oléagineuses type colza, soja ou autres, luzerne, etc.) auxquelles des vitamines et minéraux sont ajoutés.

Le dosage de ces différents composants varie en fonction du service attendu (aliment très énergétique pour une pratique sportive, aliment d'entretien pour un cheval ou poney au repos).

L'aliment complet doit garantir l'apport de fibres, de glucides lents non fermentiscibles, de matières grasses riches en Oméga 3, de protéines riches en lysibe, de minéraux, d'oligo-éléments et de vitamines.

Enfin, en ce qui concerne les valeurs indiquées sur l'étiquette, *et qui engagent la responsabilité du fabriquant*, sachez qu'à valeur égale annoncée entre un sous-produit et une matière première noble, la qualité est loin d'être équivalente.

Les compléments alimentaires

L'appellation « complément alimentaire » regroupe toute forme d'apport supplémentaire à la ration de base. Le complément alimentaire peut se distribuer sous forme de liquides, de poudres ou de granulés ajoutés et mélangés à la ration.

Même si ces compléments ne sont pas des produits vétérinaires, il est fortement conseillé de lui demander son avis avant de distribuer tout complément alimentaire, surtout si ceux-ci agissent sur les grandes fonctions vitales du cheval ou du poney.

Les compléments alimentaires ont vocation à améliorer le confort et les soins du cheval ou du poney. Pour une alimentation en céréales, ils sont appelés CMV (Complément Minéral Vitaminé).

Ils peuvent également intervenir dans :

- les grandes fonctions vitales [appareils respiratoire, circulatoire, nerveux, locomoteur (muscles - tendons - squelette), digestif, reproductif...]
- les soins (répulsifs insectes, onguents de cross, antiparasites, friandises...)
- entraînement, récupération après l'effort...

La tendance est de s'orienter vers des produits « naturels » (phytothérapie, homéothérapie...) certifiés non dopants.

Les aliments toxiques et contaminants

Le cavalier rencontre fréquemment toutes sortes de plantes qui représentent un danger réel pour sa monture. Il faut donc apprendre à les reconnaître.

Les intoxications se produisent :

- soit par ingestion directe de la plante,
- soit par contamination (exemple : foin contaminé par des végétaux toxiques).

Belladone

Par contamination, l'intoxication évolue de façon chronique puisqu'il y a ingestion répétée de produits ou plantes toxiques contenus dans le foin contaminé.

Lierre terrestre

Les plantes toxiques peuvent se classer selon les symptômes d'intoxication qu'elles provoquent.

<u>Les symptômes cardiaques</u> : toutes les parties aériennes (tiges, fleurs et feuilles) des digitale et lierre terrestre.

Buis

<u>Les symptômes digestifs</u> : aconit (racine), chêne (fruit), daphné (écorce) et tous les feuillages des végétaux suivants : bourdaine, cytise aubour, fusain, genévrier sabine, gui, grande ciguë, laurier rose, mercriale, moutarde, phytolaque, potentille, ricin, roquette des vignes, séneçon de Jacob, troène.

Digitale

<u>Les symptômes cutanés</u> : toutes les parties aériennes (tiges, fleurs et feuilles) des millepertuis, sarrasin, trèfle blanc, trèfle hybride, vesce si consommées en très grande quantité.

Millepertuis

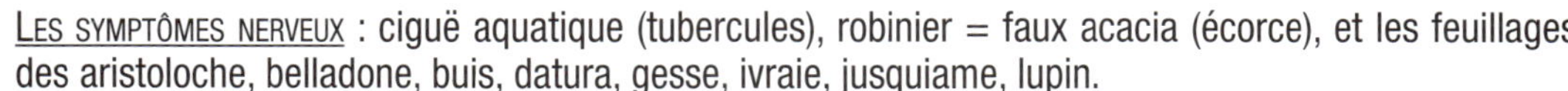

<u>Les symptômes nerveux</u> : ciguë aquatique (tubercules), robinier = faux acacia (écorce), et les feuillages des aristoloche, belladone, buis, datura, gesse, ivraie, jusquiame, lupin.

Laurier rose

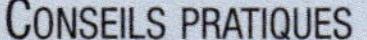

<u>Conseils pratiques</u>

Mais les risques d'intoxication ne se limitent pas à ceux causés par les plantes toxiques : en effet toute suralimentation (consommation excessive d'aliments très énergétiques tels les granulés, le blé, l'orge, l'avoine...) y compris d'herbe trop grasse est source d'intoxication.

L'eau stagnante est également source de danger.

Enfin, si un cheval ou un poney mange dans le seau ou la mangeoire d'un congénère qui est sous traitement médicamenteux, là encore, il y a risque d'intoxication.

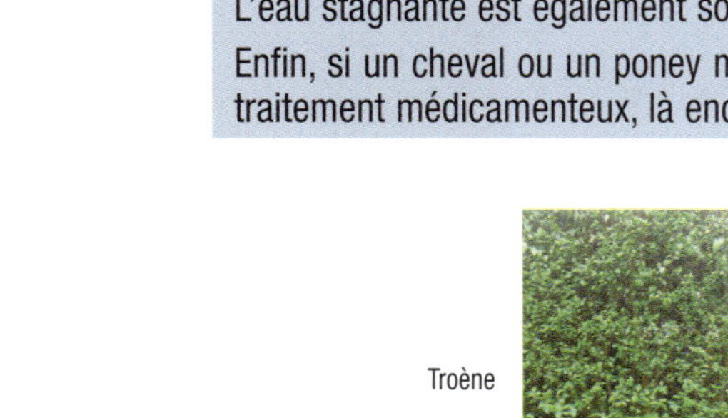

Troène

Fusain

Les maladies

L'appareil digestif du cheval ou du poney est très fragile. Dès que vous constatez une perte d'état (maigreur, poil terne, abattement) ou un comportement inhabituel, pensez à contrôler s'il s'alimente correctement.

Les problèmes digestifs concernent l'appareil digestif dans son entier, c'est pourquoi vous devez commencer par examiner la bouche du cheval ou du poney.

Les dents peuvent présenter une usure anormale, des surdents (excroissances). Les gencives peuvent être enflammées, les joues peuvent être écorchées à l'intérieur. Faites appel à un dentiste équin. Un équidé souffrant dans sa bouche mastique mal, les aliments sont mal digérés.

Les coliques

Elles se traduisent par des douleurs abdominales dues à un problème de transit intestinal pouvant aller jusqu'à l'arrêt du transit provoqué par la formation d'un bouchon, ou à une infestation parasitaire.

Le cheval ou le poney exprime ses douleurs en grattant le sol, se couchant et se relevant sans cesse, regardant son flanc. Il ne mange plus, cesse de s'abreuver, n'urine plus et peut présenter une diarrhée ou, au contraire, ne plus faire de crottins. Il se met à suer abondamment.

Donnez des produits qui atténuent la douleur et stimulent le transit, en cas de coliques légères.

S'il n'y a pas d'amélioration rapide, faites venir le vétérinaire, la colique peut être mortelle.

Pour éviter l'apparition des coliques, vermifugez au moins deux fois par an avec un vermifuge à large spectre et différent.

Surveillez le régime alimentaire et la qualité des aliments.

Adaptez la litière aux chevaux « coliquards » en remplaçant la paille par un autre matelas.

La fourbure

C'est une maladie générale qui atteint les différents organes et qui se traduit par des troubles de la locomotion. Le cheval ou le poney, ayant très mal aux pieds (notamment les antérieurs), adopte une posture caractéristique et, lorsqu'il souffre trop, se couche régulièrement. Cette maladie évolue par crises et sur plusieurs années.

Elle résulte d'un travail exagéré ou d'une alimentation trop riche ou trop abondante.

Mettez le cheval ou le poney à la diète et adaptez son régime alimentaire. Ses pieds doivent être spécialement parés et équipés d'une ferrure adaptée. Un traitement anti-douleur (fluidifiant sanguin, par exemple) est prescrit.

La visite d'un vétérinaire est indispensable, car cette maladie peut être létale.

Pour éviter la fourbure, surveillez la qualité et la quantité des aliments distribués, et dosez le travail pour ne pas surmener votre monture.

B.P. n° 8
87350 PANAZOL
ISBN N° 978 2 7025 1558 7

Dépôt légal : Novembre 2015